Herder Taschenbuch 1580

Über das Buch

Grausam sind die Ureinwohner Nordamerikas unterdrückt, ihres Landes und ihrer Identität beraubt worden. Auch heute geht diese Unterdrückung vielfach weiter, sie hat nur andere Formen angenommen. Um so erstaunlicher ist das Wiedererwachen einer indianischen Kultur, das auf weltweites Interesse stößt. Mit Recht, denn in ihr begegnen wir einer Weisheit, die wir heute selber brauchen, um zu überleben. Die Sammlung vermittelt einen lebendigen Eindruck vom Reichtum der Formen, in denen sich diese Erfahrung ausdrückt: Gebete, Lieder, Reden, Gedichte und autobiographische Zeugnisse. Käthe Recheis und Georg Bydlinski haben vielen tausenden Lesern bereits einen Zugang zum „indianischen Weg" eröffnet. Der vorliegende Band enthält eine Auswahl aus den Büchern „Weißt du, daß die Bäume reden", „Freundschaft mit der Erde" und „Auch das Gras hat ein Lied" sowie eine große Anzahl von den Herausgebern neu ins Deutsche übertragener Texte.

Über die Autoren

Georg Bydlinski, geboren 1956 in Graz, lebt mit seiner Familie in der Südstadt bei Wien. Er studierte Anglistik und Religionspädagogik an der Wiener Universität (Mag. phil.), leistete den Zivildienst und ist seit 1982 freier Schriftsteller. Für seine Lyrik (zuletzt „Hinwendung zu den Steinen" und „Landregen"), Prosa („Kopf gegen Beton", „Satellitenstadt") und Kinderbücher erhielt er mehrere Auszeichnungen. Der Konflikt Technik – Natur, die Auswirkungen der Zivilisation auf Mensch und Lebensraum sind Themen, die er in seinen Büchern immer wieder aufgreift.

Käthe Recheis, geboren 1928, lebt in Wien und in Hörsching, einem Dorf in Oberösterreich. Seit 1960 ist sie freie Schriftstellerin. Für ihre Kinder- und Jugendbücher wurde sie mit zahlreichen österreichischen Preisen und internationalen Ehrenlisten ausgezeichnet. Viele ihrer Bücher setzen sich mit den Problemen der Ureinwohner Amerikas auseinander (z. B. „Der weite Weg des Nataiyu"). Ihr besonderes Engagement gilt den neuen indianischen Schulen. Auch in ihrem phantastischen Roman „Der Weiße Wolf" klingt indianisches Gedankengut an. Der Lyriker Joseph Bruchac hat ihr – mit Bezug auf dieses Buch – den Namen Molsemawa („Fell des Wolfes", Abenaki-Sprache) gegeben.

DIE ERDE
IST EINE TROMMEL

Indianerweisheit
aus Gegenwart und Vergangenheit

Ausgewählt, übertragen und kommentiert von
Georg Bydlinski und Käthe Recheis

Herder Taschenbuch Verlag

Originalausgabe
erstmals veröffentlicht als Herder-Taschenbuch

Buchumschlag: Werner Bleyer

Alle Rechte vorbehalten - Printed in Germany
© dieser Zusammenstellung:
Verlag Herder Freiburg im Breisgau 1988
Herder Freiburg · Basel · Wien
Herstellung: Freiburger Graphische Betriebe 1988
ISBN 3-451-08180-6

INHALT

Vorwort 7

Ich bin eine Feder am hellen Himmel
Gebete, Lieder und Gesänge 11

Unser Land ist wertvoller als euer Geld
Reden gestern und heute 45

Weil du am Leben bist, ist jeder Tag gut
Lebenszeugnisse 77

Die Erde ist eine Trommel
Gedichte der Gegenwart 115

Quellennachweis 155

*Seit zwei Jahrhunderten
legen die Indianer Amerikas
ihre Gedanken dar;
es wird Zeit,
daß ihnen jemand zuhört.*

National Indian Youth Council

VORWORT

Wenn man sich über längere Zeit hinweg intensiv mit Texten und Lebensäußerungen nordamerikanischer Indianer beschäftigt, fallen zwei Aspekte auf: zum einen die Kontinuität, das Anknüpfen an die jahrhundertealten Traditionen und Lebensregeln, zum anderen eine Vielfalt an Ausdrucksformen – vom haiku-ähnlichen Kurzgedicht oder Lied bis zum rhetorisch aufgebauten Zeremonialgesang, von der bildkräftigen Rede der großen Häuptlinge bis zum argumentativen Zeitungsartikel oder Essay unserer Tage.

In den vergangenen Jahren gaben wir bei Herder Wien drei Bücher heraus, in denen wir indianische Texte aus Gegenwart und Vergangenheit zusammenstellten und ins Deutsche übertrugen – „Weißt du, daß die Bäume reden" (1983), „Freundschaft mit der Erde" (1985) und „Auch das Gras hat ein Lied" (1988). Der vorliegende Band enthält, etwa zur Hälfte, eine Auswahl aus dieser Trilogie; die andere Hälfte der Texte wurde neu aus dem Amerikanischen übersetzt. Oft war es nötig, Texte nachzudichten, nicht Wort für Wort, sondern Bild für Bild zu übertragen und Bedacht darauf zu nehmen, daß die Atmosphäre eines Gedichts oder Ausspruchs nicht verlorengeht.

Im ersten Kapitel haben wir *Gebete, Lieder und Gesänge* zusammengefaßt; sie lassen deutlich die Wesenszüge indianischer Religiosität erkennen, einer Spiritualität, die mit dem Alltag und den Lebenszyklen der Natur untrennbar verwoben ist. Indianer leben in einer Welt, „in der das Geistige und das Alltägliche eins sind" (Lame Deer). In den Erscheinungsformen der Natur sahen sie stets Manifestationen des Schöpfers, der alles durchwirkt und dem sie sich mittels seiner Werke zu nähern versuchten.

Geographische und klimatische Gegebenheiten, Pflanzen- und Tierwelt bestimmten das Dasein der Ureinwohner Amerikas in hohem Maß; sie nannten und nennen die Erde „unsere Mutter". Im zweiten Kapitel haben wir daher Ausschnitte aus *Reden* gesammelt, in denen die Verbundenheit zu ihrem Land zum Ausdruck kommt, meist im Zusammenhang mit dem Verlust ihrer Gebiete an die rücksichtslos vordrängenden weißen Einwanderer. Auf den ersten Blick mögen diese Aussprüche nicht wie „Weisheitstexte" wirken, ein Gesamtbild der indianischen Wirklichkeit ist aber ohne diesen Aspekt der Unterdrückung, des Entzugs der Lebensgrundlagen nicht möglich. Außerdem gewinnt gerade in der Eindringlichkeit der Redner (und der Artikelverfasser unserer Zeit) die Wertordnung der Indianervölker deutliche Konturen.

Das dritte Kapitel beinhaltet *Lebenszeugnisse* verschiedener Art, vom kurzen Sprichwort bis zum autobiographischen Bericht. Es ist bemerkenswert, daß sich die traditionell lebenden Indianer trotz all der Unmenschlichkeiten, die ihnen in Vergangenheit und Gegenwart zugefügt worden sind, eine grundsätzlich positive Lebenssicht bewahrt haben, die unserer Zivilisation vielfach abgeht: „Weil du am Leben bist, ist jeder Tag gut" (Henry Old Coyote).

Das vierte Kapitel ist der *Gegenwartslyrik* gewidmet. Mit dem Wiedererwachen des indianischen Selbstbewußtseins in den letzten Jahrzehnten hat sich auch eine vielfältige Literatur entwickelt, besonders ausgeprägt auf dem Gebiet der Lyrik; Gedanken und Gefühle in Lied- oder Gedichtform auszudrücken war seit jeher bei den Indianern üblich. In den zeitgenössischen Gedichten wird die Rückbesinnung auf die alten Traditionen spürbar, die

Suche nach den eigenen Wurzeln; hier findet aber auch eine intensive Auseinandersetzung mit der schwierigen Situation der Ureinwohner Amerikas in der Gegenwart statt, inmitten einer übermächtigen und anderen Kulturen gegenüber intoleranten Zivilisation.

Eines wollen wir mit unserer Sammlung nicht: die Indianer idealisieren. Nordamerika vor dem Kommen der Weißen war nicht das Paradies, als das wir es uns manchmal vorstellen möchten – es gab kriegerische Auseinandersetzungen, es gab auch Völker, die nicht nach dem Prinzip der Gleichheit lebten. Manche Texte richten sich gegen die von den eingewanderten Europäern erhobenen Vorwürfe und Vorurteile und schildern das indianische Lebenskonzept in apologetischer Tendenz; der Kontrast zur Welt der Weißen soll betont werden. Dieser grundlegende Unterschied – der Mensch als Partner, nicht als Beherrscher und Ausbeuter der Natur – ist heute wohl dringender als je zuvor auch für uns gültig geworden.

Georg Bydlinski   *Käthe Recheis*

ICH BIN EINE FEDER AM HELLEN HIMMEL

Gebete, Lieder und Gesänge

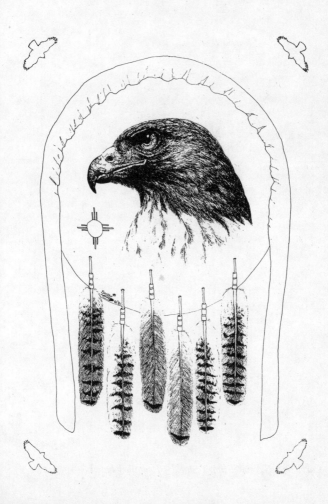

Carol Snow, Animal Spirit Shield - Redtailed Hawk

UNSERE URGROSSELTERN sprachen niemals über das Beten, aber jeder Tag ihres Lebens war ein Gebet. Sie wußten, daß alles auf der Welt ein Geschenk des Schöpfers war, auch jeder Schluck Wasser, den sie tranken, und die Luft, die sie atmeten. Diese Geschenke waren von solchem Wert, daß niemand sie zurückerstatten konnte. Deshalb war jeder Schritt, den sie gingen, wie ein Dankgebet. Wenn sie aßen, lobten sie den Schöpfer damit. Auch wenn die Zeiten hart waren, sagten sie Dank für alles Lebendige rings um sie. Für sie war alles mit Leben erfüllt, Menschen, Tiere, Bäume, das Gras und sogar die Steine. Allem hatte der Schöpfer das Leben gegeben.
Auch heute bete ich nicht nur mit Worten, sondern mit jedem Atemzug. Wenn mein Herz schlägt, sagt es Dank – wie eine Trommel, die geschlagen wird, um die Schöpfung zu preisen.

Joseph Bruchac

Joseph Bruchac, von indianischer (Abenaki) und slowakischer Abstammung, wurde 1942 im Staat New York geboren. Abenaki bedeutet „Die Menschen der Morgendämmerung"; vor dem Kommen der Europäer begann ihr Land an jener Stelle Nordamerikas, wo die ersten Strahlen der aufgehenden Sonne die Atlantikküste berühren. Ihr Land umfaßte beinahe das gesamte Gebiet der heutigen Bundesstaaten Maine, New Hampshire und Vermont. Um 1700 mußten viele Abenaki vor den Weißen nach Kanada fliehen.

WIR DANKEN UNSERER MUTTER, DER ERDE, die uns ernährt. Wir danken den Flüssen und Bächen, die uns ihr Wasser geben. Wir danken den Kräutern, die uns ihre heilenden Kräfte schenken. Wir danken dem Mais und seinen Geschwistern, der Bohne und dem Kürbis, die uns am Leben erhalten. Wir danken den Büschen und Bäumen, die uns ihre Früchte spenden. Wir danken dem Wind, der die Luft bewegt und Krankheiten vertreibt. Wir danken dem Mond und den Sternen, die uns mit ihrem Licht leuchten, wenn die Sonne untergegangen ist. Wir danken unserem Großvater Hé-no, der uns, seine Enkelkinder, schützt und uns seinen Regen schenkt. Wir danken der Sonne, die freundlich auf die Erde herabschaut. Vor allem aber danken wir dem Großen Geist, der alle Güte in sich vereint und alles zum Wohl seiner Kinder lenkt.

Aus der Danksagung der Irokesen

Die Danksagung ist ein traditionelles Gebet, mit dem jede Versammlung und religiöse Zeremonie eröffnet wird. Dieses Gebet kann kurz sein oder, je nach Wichtigkeit der Zusammenkunft, bis zu zwei Stunden dauern.
Hé-no ist ein Schutzgeist, der den lebenspendenden Regen schenkt und mit dem Ehrentitel „Großvater" angerufen wird.

GROSSVATER

von Kräutern duftende Canyons
erzählen mir von dir
das Echo der Taubenrufe
wiederholt deinen Namen
ich spüre deine Gegenwart
meine Stimme dankt dir
Vogel
Insekt
Fels
Baum
beten mit mir
danke Großvater

Bill Emery

Bill Emery ist ein Schüler des Sinte Gleska College der Sioux auf der Rosebud Reservation in Süddakota, jener Reservation mit der höchsten Arbeitslosenrate (80 bis 95%). Das College, vom Stammesrat gegründet und von indianischen Lehrern geführt, ermöglicht den Schülern im Gegensatz zu vielen staatlichen Schulen auch die Pflege der eigenen indianischen Kultur. Das Schreiben von Gedichten gehört dazu.
Großvater: einer der Namen der Sioux für das „Große Geheimnis", den Schöpfer der Welt.

GEBET AN DEN JUNGEN ZEDERNBAUM

Schau mich an, Freund!
Ich bin gekommen, dich um dein Kleid zu bitten.
Du gibst uns alles, was wir brauchen –
dein Holz, deine Rinde, deine Äste
und die Fasern deiner Wurzeln,
denn du hast Erbarmen mit uns.
Du bist gern bereit, uns dein Kleid zu geben.
Ich bin gekommen, dich darum zu bitten,
Spender langen Lebens,
denn ich will ein Körbchen für Lilienwurzeln
    aus dir machen.
Ich bitte dich, Freund, zürne mir nicht
und trag mir nicht nach,
was ich jetzt mit dir tun werde.
Und ich bitte dich, Freund,
erzähle auch deinen Freunden,
worum ich zu dir gekommen bin.
Beschütze mich, Freund!
Halte Krankheit fern von mir,
damit ich nicht in Krankheit oder Krieg umkomme,
    o Freund!

Gebet der Kwakiutl

Beim Volk der Kwakiutl in Britisch-Kolumbien, Kanada, ist jeder alltägliche Arbeitsablauf mit einem Gebet verbunden. Mit althergebrachten Formeln und Anrufungen werden Pflanze und Tier geehrt, der Mensch nimmt das für sein Leben Notwendige als Geschenk von ihnen.

DER JÄGER SPRICHT DEN HIRSCH AN, DEN ER ERLEGT HAT

Es tut mir leid, daß ich dich töten mußte,
kleiner Bruder.
Aber ich brauche dein Fleisch,
denn meine Kinder hungern.
Vergib mir, kleiner Bruder.
Ich will deinen Mut, deine Kraft
und deine Schönheit ehren – sieh her!
Ich hänge dein Geweih an diesen Baum;
jedesmal, wenn ich vorüberkomme,
werde ich an dich denken
und deinem Geist Ehre erweisen.
Es tut mir leid, daß ich dich töten mußte;
vergib mir, kleiner Bruder.
Sieh her, dir zum Gedenken
rauche ich die Pfeife,
verbrenne ich diesen Tabak.

Jimalee Burton

Dieses Gedicht hat Jimalee Burton (Ho-chee-nee), eine Cherokee-Indianerin, im Jahr 1974 geschrieben.
Die Cherokee lebten als Ackerbauern im Südosten der Vereinigten Staaten, sie wohnten in größeren Siedlungen und hatten eine demokratische Regierungsform.

DIESE HEILIGE PFEIFE wird dich begleiten auf deinem Weg über die Erde; denn die Erde ist deine Großmutter und Mutter, und sie ist heilig. Jeder Schritt, den du auf ihr machst, soll wie ein Gebet sein. Der Pfeifenkopf aus rotem Stein ist ein Sinnbild für die Erde. In den Stein geschnitten, zur Mitte gewandt, ist ein Büffelkalb, stellvertretend für die Vierbeiner, die auf deiner Mutter, der Erde, leben. Der Pfeifenstiel ist aus Holz, Sinnbild für alles, was auf der Erde wächst. Und diese zwölf Federn, die am Stiel hängen, dort, wo der Pfeifenkopf befestigt ist, stammen von Wanbli Galeshka, dem Gefleckten Adler; sie stellen den Adler dar und die Geflügelten der Luft. All diese Geschöpfe, alles im Universum ist mit dir verbunden, wenn du die Pfeife rauchst – alle Wesen schicken ihre Stimmen aus und rufen zu Wakan Tanka, dem Großen Geist. Wenn du mit dieser Pfeife betest, dann betest du für alle und mit allen.

Hehaka Sapa

Nach der Überlieferung der Lakota (= Sioux) war es die „Weiße Büffelkuhfrau", die ihnen die Heilige Pfeife überbrachte und dabei diese Worte sprach. Die Pfeife, das höchste Gut der Lakota, ist nach ihrem Glauben die Achse, die Himmel und Erde verbindet.
Hehaka Sapa (Black Elk), heiliger Mann der Oglala-Lakota und Cousin des großen Häuptlings Crazy Horse, lebte von 1863 bis 1950. Anfang der dreißiger Jahre unseres Jahrhunderts diktierte er dem Dichter John G. Neihardt die Geschichte seines Lebens.

DER SCHÖPFER GAB UNS DIE FLÜSSE UND SEEN – jeden Tag müssen wir Wasser trinken. Tun wir es nicht, dann sterben wir, wir verdursten und gehen zugrunde. Das Wasser hat eine lebendige Seele. Gott trug ihm auf, für Menschen, Vierbeiner und Vögel zu sorgen. Ich kann dem Wasser nicht befehlen. Ich bin angewiesen auf seine Barmherzigkeit. Wenn ich es auch nur einen einzigen Tag nicht trinke, dann leide ich. Aus diesem Grund haben wir Danksagungszeremonien für das Wasser, denn es folgt noch immer den Weisungen des Schöpfers.

Tom Porter

Tom Porter ist Häuptling des Bärenklans der Mohawk in der Akwesasne Reservation. Sein traditioneller Name, „Sakokwenionkwas", bedeutet „The one who wins". Er betreut und leitet die Akwesasne Freedom School, die den Schülern die eigene Sprache, Kultur und Tradition vermittelt.
Wie die anderen Irokesenstämme ist das Volk der Mohawk in Klans unterteilt. Ein Klan setzt sich aus mehreren mütterlicherseits miteinander verwandten Großfamilien zusammen. Jeder Klan ist mit einem Tier verknüpft, an das sich die Mitglieder in mystischer Verwandtschaft gebunden fühlen.

WENN ERQUICKENDES WASSER
unsere Mutter, die Erde, durchtränkt,
wenn der Frühling kommt,
dann legen wir die Maiskörner in die Erde,
den Mais, der uns Leben spendet,
all die verschiedenen Arten.
Das erquickende Wasser ihrer Mutter, der Erde,
erweckt die Körner zu neuem Leben.
Sprießen werden sie und wachsen
im hellen Tageslicht ihres Vaters, der Sonne,
um Regen werden sie bitten
und die Hände in alle vier Richtungen strecken.

Dann
werden die Regenmacher
ihren dunstigen Atem aussenden,
große Wolken voll mit Wasser
werden von fernher zu uns kommen,
mit ausgebreiteten Regenhänden
werden sie den Mais liebkosen,
sie werden herabsteigen, ihn zu umarmen
mit ihrem erfrischenden Wasser,
mit ihrem belebenden Regen.

Und dort, wo die Pfade der Regenmacher münden,
wird der Regen wie ein Sturzbach sein,
Sand und Schlamm mitreißen,
Schluchten in Berge waschen,
Baumstämme in die Täler spülen.
Von allen Bergen wird Wasser strömen,
die Pflanzgruben unserer Mutter, der Erde,
werden von Wasser überquellen.

Daß es so komme,
ist mein Gebet.

Regengebet der Zuni

Die Pueblo-Indianer, zu denen die Zuni gehören, sind im Südwesten der Vereinigten Staaten beheimatet. Sie errichteten ihre Häuser aus getrockneten Lehmziegeln; die Spanier nannten diese Siedlungen Pueblos – „kleine Städte". Mais ist das Hauptnahrungsmittel der Pueblo-Indianer; sie züchteten viele Arten, blauen, gelben und bunten Mais. Im Wüstengebiet lebend, kostet sie der Anbau sehr viel Mühe. Regen ist für die Zuni fast gleichbedeutend mit Leben, und ihre ganze Religion ist auf die Bitte um das lebenspendende Wasser konzentriert.

LEUCHTKÄFERLIED

Huschende Insekten aus weißem Feuer!
Kleines Getier, kleine wandernde Feuer!
Schwenkt eure Sternchen über meinem Bett!
Webt kleine Sterne in meinen Schlaf!
Komm, kleiner tanzender Weißfeuer-Käfer,
komm, kleines nachtflinkes Weißfeuer-Tier!
Schenk mir das Zauberlicht deiner hellen, weißen
    Flamme,
deiner kleinen Sternenfackel.

Lied der Odschibwä

Die Odschibwä oder Tschippewa gehören zur Algonkin-Sprachfamilie und zum Kulturkreis der Waldindianer. Als Jäger, Fischer und Sammler von Wildfrüchten lebten sie in den „Eastern Woodlands" im Gebiet der Großen Seen, in Manitoba und im südlichen Saskatchewan.

TRAUMLIED

Am Bachufer, über der Stelle,
wo die Elritze schläft,
deren Flossen sich sanft im Wasser bewegen,
lassen Blumen ihre Köpfe hängen,
richten sich Blumen wieder auf.

Lied eines Wintu

Die Gefühle, die ein Indianer in seinem Lied ausdrücken wollte, wurden ihm oft in einer Vision, durch einen Traum bewußt. Für den Indianer heiligt das Lied den Augenblick, die alltägliche Arbeit, das kurze Ausruhen. Lyrik ist daher seine gebräuchlichste und beliebteste literarische Gattung.

LIEBESLIED

Ein Tauchervogel!
So dachte ich.
Doch es war der Ruderschlag
meines Geliebten.

Lied einer Tschippewa

Das Gedicht spielt auf das Geräusch eines aus dem Wasser auftauchenden Tauchervogels an, das man leicht mit dem eines Ruderschlages verwechseln kann. Der Tauchervogel (amerikanisch „loon") ist imstande, große Strecken unter Wasser zurückzulegen.
Persönliche Gedanken und Erfahrungen in Liedform oder haikuähnlichen Kurzgedichten auszudrücken ist eine alte indianische Tradition.

LIED VON DER ELSTER

Die Elster! Die Elster!
Ihre weißen Flügelfedern
sind die Fußspuren des Morgens.
Es tagt! Es tagt!

Lied der Navajo

Die Navajo sind Verwandte der Apachen; sie selbst nennen sich Diné ("Menschen"). In ihrem Lied vergleichen sie die weißen, leuchtenden Deckfedern der Elster mit der beginnenden Morgendämmerung nach der Dunkelheit der Nacht.

DAS FREUDENLIED DES TSOAI-TALEE

Ich bin eine Feder am hellen Himmel
Ich bin das blaue Pferd, das über die Prärie läuft
Ich bin der Fisch, der funkelnd im Wasser schwimmt
Ich bin der Schatten, der einem Kind folgt
Ich bin das Abendlicht auf den Wiesen
Ich bin ein Adler, der mit dem Wind spielt
Ich bin eine Handvoll bunter Perlen
Ich bin der fernste Stern
Ich bin die Morgenkühle
Ich bin das Rauschen des Regens
Ich bin das Glitzern auf harschigem Schnee
Ich bin der Pfad des Mondes auf dem Wasser
Ich bin eine vierfärbige Flamme
Ich bin ein Hirsch, der fern in der Dämmerung steht
Ich bin ein Feld voll Sumach und Prärierüben
Ich bin der Keil ziehender Gänse am Winterhimmel
Ich bin der Hunger des jungen Wolfes
Ich bin der Traum, der all dies umschließt

Sieh, ich lebe, ich lebe
Ich habe Freundschaft mit der Erde geschlossen
Ich habe Freundschaft mit den Göttern geschlossen
Ich habe Freundschaft geschlossen mit allem,
    was schön ist
Ich habe Freundschaft geschlossen mit der Tochter des
    Tsen-tainte
Sieh, ich lebe, ich lebe

N. Scott Momaday

N. Scott Momaday (geb. 1934) ist einer der bekanntesten indianischen Autoren der Gegenwart. Momaday war Lyriker, bevor er seine Romane und Essays verfaßte, und er hat nie aufgehört, Gedichte zu schreiben. Er betont, daß die Wurzeln der zeitgenössischen indianischen Dichtung weit tiefer reichen als das geschriebene Wort – sie reichen bis in die Ursprünge der Sprache selbst und stammen vielfach aus der mündlichen Überlieferung, den Liedern, Beschwörungen und Gebeten. Es liegt im Wesen mündlicher Überlieferung, daß die Sprache als etwas Vitales und Machtvolles angesehen wird, als etwas im tiefsten Sinn Kreatives.
Tsoai-Talee = „Felsenbaumjunge" („Rock-tree Boy"), Momadays indianischer Name.
Tsen-tainte = „White Horse".

EINFÜHRUNG EINES KINDES IN DIE WELT

Ho! Sonne, Mond, Sterne, ihr Wanderer oben am
   Himmel,
hört mich an!
Ein neues Leben kam in eure Mitte.
Ich bitte euch, seid ihm wohlgesinnt!
Ebnet ihm den Weg, damit es den ersten Hügel
   erklimmen kann!

Ho! Ihr Winde, Wolken, Regen, Nebel, die ihr durch
   die Luft wandert,
hört mich an!
Ein neues Leben kam in eure Mitte.
Ich bitte euch, seid ihm wohlgesinnt!
Ebnet ihm den Weg, damit es den zweiten Hügel
   erklimmen kann!

Ho! Ihr Berge, Täler, Flüsse, Seen, Bäume, Gräser,
   ihr auf der Erde,
hört mich an!
Ein neues Leben kam in eure Mitte.
Ich bitte euch, seid ihm wohlgesinnt!
Ebnet ihm den Weg, damit es den dritten Hügel
   erklimmen kann!

Ho! Ihr Vögel, groß und klein, in der Luft,
Ho! Ihr Tiere, groß und klein, in den Wäldern,
Ho! Ihr Geschöpfe, die ihr im Gras umherkriecht und in
   der Erde wohnt –
hört mich an!
Ein neues Leben kam in eure Mitte.
Ich bitte euch, seid ihm wohlgesinnt!

Ebnet ihm den Weg, damit es den vierten Hügel
 erklimmen kann!

Ho! Ihr alle am Himmel, ihr in der Luft, ihr auf der
 Erde:
hört mich an!
Ein neues Leben kam in eure Mitte.
Ich bitte euch, seid ihm wohlgesinnt, seid ihm alle
 wohlgesinnt!
Ebnet ihm den Weg – dann wird es weit hinaus über
 die vier Hügel wandern!

Zeremonialgesang der Omaha

*Die Omaha glauben, daß alles in der Welt, „Belebtes" und „Unbelebtes",
von einer gemeinsamen Lebenskraft durchdrungen ist.
In dieser Zeremonie, am achten Tag nach der Geburt eines Kindes, werden
die Mächte des Himmels, der Erde und der Luft angerufen und gebeten,
dem Neugeborenen Schutz zu gewähren. Das Leben des Kindes wird mit
einem holprigen Weg verglichen, der sich über vier Hügel erstreckt, die die
vier Lebensalter symbolisieren: Kindheit, Jugend, Erwachsenen- und Greisenalter.*

WIEGENLIED

Mein kleines Mädchen
kam auf die Welt, um
wilde Rosen zu pflücken.
Kam auf die Welt, um
mit seinen kleinen Fingern
den wilden Reis
von den Rispen zu schütteln.
Um den Saft junger
Schierlingstannen zu sammeln
im Frühling. Dieses Mädchen-
kind kam auf die Welt,
um Erdbeeren zu sammeln,
Körbchen mit Blaubeeren,
Holunderbeeren
und Büffelbeeren zu füllen.
Mein kleines Mädchen
kam auf die Welt, um
wilde Rosen zu pflücken.

Lied der Tsimshian

Die Tsimshian leben an der Nordwestküste Kanadas und sind berühmt für ihre Kunst: Holzskulpturen („Totempfähle"), Drama, Lyrik und Musik. Für jede Gelegenheit gab es eigene Lieder. Wiegenlieder waren Eigentum bestimmter Familien und wurden von Generation zu Generation weitergereicht.
Brian Swann hat viele der alten Texte – darunter auch diesen – neu übertragen.

LIED AUS DER MÄDCHENWEIHE

Du hast deinen Weg begonnen auf der guten Erde;
Du hast deinen Weg begonnen in guten Mokassins;
Mit Mokassinbändern aus Regenbogenlicht hast du
 deinen Weg begonnen.
Mit Mokassinbändern aus Sonnenstrahlen hast du
 deinen Weg begonnen.
Inmitten der Fülle hast du deinen Weg begonnen.

Zeremonialgesang der Chiricahua-Apachen

Die Mädchenweihe der Chiricahua-Apachen ist eine feierliche Zeremonie, in der ein langes Leben für die zur Pubertät herangewachsenen Mädchen erbeten wird. Um dieses Ziel zu erreichen, werden rituelle Lieder gesungen, die das Mädchen auf symbolische Weise durch ein langes und glückliches Leben führen. Die Feier dauert vier Nächte und endet bei Sonnenaufgang des fünften Tages mit dem Lied, das hier abgedruckt ist.

NACHTGESANG DER NAVAJO

In Tse'gihi,
im Haus erbaut aus Morgendämmerung,
im Haus erbaut aus Abendlicht,
im Haus erbaut aus dunkler Wolke,
im Haus erbaut aus Regen,
im Haus erbaut aus dichtem Nebel,
im Haus erbaut aus fruchtbringenden Pollen,
im Haus erbaut aus Grashüpfern,
wo Wolkendunkel die Tür verhüllt,
wo auf dem Regenbogen der Weg zu dir führt,
wo die Zickzackspur des Blitzes hoch oben steht,
o Gottheit!
In deinen Mokassins aus dunkler Wolke
komm zu uns,
begleitet vom Donner über dir,
komm zu uns,
Regenwolken unter den Füßen,
den Regenbogen über dir,
komm zu uns,
umleuchtet vom Zucken der Blitze.
Ich habe ein Opfer für dich bereitet,
ich bringe dir den Rauch meines Feuers dar.
Gib meinen Füßen neue Kraft.
Gib meinen Beinen neue Kraft.
Gib meinem Körper neue Kraft.
Erneuere meinen Geist.
Nimm die Krankheit von mir.
Du hast sie von mir genommen,
weit weg von mir hast du sie genommen.
Voll Freude spüre ich,
wie meine Kraft zurückkehrt,
meine Augen sind nicht mehr trüb,

mein Kopf ist klar,
ich kann meine Glieder wieder gebrauchen.
Du hast die Krankheit von mir genommen.
Ich kann wieder gehen.
Möge ich ohne Schmerzen wandern.
Möge ich glücklich wandern.
Wie es früher war, möge ich wandern.
Möge ich freudig wandern unter der Regenwolke.
Möge ich freudig wandern im kühlenden Regen.
Möge ich freudig wandern inmitten grünender
    Pflanzen.
Möge ich freudig wandern auf dem Pfad der
    lebenspendenden Pollen.
Möge ich voll Freude wandern.
Wie früher möge ich wandern.
Schönheit sei vor mir.
Schönheit sei hinter mir.
Schönheit sei unter mir.
Schönheit sei über mir.
Schönheit sei um mich.
In Schönheit ist es vollendet.

Zeremonialgesang der Navajo

Dieser Text stammt aus einer Heilungszeremonie der Navajo. In der Krankheit sehen die Navajo ein Anzeichen dafür, daß die Harmonie des Menschen mit dem Schöpfer und der Schöpfung gestört ist. Deshalb spielt die Heilung von Kranken bei allen Zeremonien eine große Rolle.
Die Schlußformel „In Schönheit ist es vollendet" ist der übliche Abschluß eines Gebetes, ähnlich wie in der christlichen Tradition das „Amen".
Die alten, heiligen Gesänge wurden von den Navajo als Geschenk der Gottheit empfunden. Die Lieder haben Friedensbringer-, Reinigungs- und Segenskraft, wenn sie genau im überlieferten Wortlaut gesungen werden.
Tse'gihi = Heim der Götter.

ZEIGT MIR, OB ES WIRKLICH IST,
zeigt mir, ob es wirklich ist,
dieses Leben, das ich lebe!
Ihr Götter, die ihr überall wohnt,
zeigt mir, ob es wirklich ist,
dieses Leben, das ich lebe!

Lied eines Pawnee-Kriegers

Dieses Lied wurde gesungen, wenn einer der Männer allein auf den Kriegspfad zog, von wo er wahrscheinlich nicht mehr lebend zurückkehren würde. Die Pawnee waren Prärie-Indianer, lebten von der Büffeljagd, bestellten aber auch Felder. Ihr Name dürfte „Wölfe" bedeuten und bezieht sich auf ihre Ausdauer und Geschicklichkeit beim Fährtenlesen. Um 1874 wurde der Stamm gezwungen, ins unfruchtbare Oklahoma auszuwandern.

LIED EINES KRIEGERS

Ich werde vergehen und nicht mehr sein,
aber das Land, über das ich jetzt streife,
wird bleiben
und sich nicht ändern.

Omaha-Indianer

Die Reservation der Omaha befindet sich im Staat Nebraska. Einst wohnten sie in Dörfern aus erdbedeckten, kuppelförmigen Häusern, bestellten ihre Felder mit Mais, zogen aber auf der Büffeljagd weit in die Prärie hinein und benutzten dann Zelte. Wie alle indianischen Völker verloren sie einen Großteil ihres Gebietes an die Weißen. Die Verbundenheit der Indianer mit dem Land, auf dem sie lebten, kommt in diesem Lied eines Kriegers deutlich zum Ausdruck.

GEBET DES GROSSVATERS

O du dort oben, Olelbes, blick auf mich herab.
Ich wasche mein Gesicht mit Wasser, für dich,
damit ich gesund bleibe.
Ich bin ein alter Mann; meine Kraft hat mich verlassen.
Du, Hirsch, der du uns dein Fleisch zur Nahrung gibst,
du lebst hoch oben in den Bergen, im Osten, im
      Westen, im Norden, im Süden,
du, Lachs, tummelst dich im Wasser.
Ich kann dich nicht mehr erlegen und heimtragen,
      Hirsch.
Ich kann nicht mehr zum Fluß hinuntersteigen, um dich
      zu fangen, Lachs.
Wenn ein Mann so alt ist wie ich, hat er keine Kraft
      mehr.
Ich bin alt geworden, Felsen, seht mich an.
Ich bin alt geworden, Bäume, seht mich an.
Ich bin alt geworden, Wasser, sieh mich an.
Ihr Eicheln, ich kann euch nie wieder ernten.
Du, Wasser, ich kann dich nicht mehr schöpfen und
      nach Hause tragen.
Meine Beine sind schwach geworden.
Kieferbaum, da stehst du, ich kann dich nie mehr
      erklettern.
Meine Arme sind schwach geworden.
Holz du, Holz, ich kann dich nicht mehr auf meinem
      Rücken nach Hause tragen,
denn wie ein Kind in der Wiege bin ich.
Die schon lange fortgingen, meine Ahnen,
haben es mir vorausgesagt.
Auch meinen Kindern wird es ergehen wie mir.

Gebet eines Wintu

Olelbes: der Weltschöpfer, an den sich das Gebet wendet. Ebenso direkt werden jedoch auch die „Dinge" der Welt angesprochen. Sie sind nach indianischer Überzeugung Manifestationen des einen Höchsten Wesens, durch die der Betende an den Schöpfer herantreten kann. Trotz aller Schwäche und Trauer des Alters drückt das Gebet gelassene Ruhe und eine tiefe Verbundenheit mit der Schöpfung aus.

STERBELIED

Dort oben werden wir gehen, du und ich;
die Milchstraße entlang werden wir gehen, du und ich;
auf dem Blumenpfad werden wir gehen, du und ich;
wir werden Blumen pflücken auf unserem Weg,
      du und ich.

Wintu-Indianer

Das Lied ist bei den Wintu überliefert, einem kleinen Stamm, der im nördlichen Kalifornien lebt. Der Glaube an ein Leben nach dem Tod findet sich bei allen indianischen Völkern. Die Milchstraße ist die Brücke zur anderen Welt, der Weg ins Jenseits.

TODESLIED EINES CHOCTAW

Wenn ich vorübergehe,
bewahrt die Prärie
meine Spuren
so lang
wie der Wind
schläft.

Jim Barnes

Jim Barnes greift in seinem Gedicht (einem von insgesamt vier „Choctaw-Liedern") die alte Tradition individueller Todeslieder auf, die im Augenblick des Sterbens gesungen wurden. Barnes, von Choctaw- und walisischer Abstammung, ist Lyriker, Erzähler, Herausgeber einer Literaturzeitschrift und Universitätslehrer. Bis 1960 arbeitete er als Holzfäller in Oregon.

HEY HEY! HEY HEY! HEY HEY! HEY HEY! Großvater, Großer Geist, du warst immer, und vor dir war keiner, und du allein bist es, zu dem wir beten. Du selbst und alles, was du siehst – alles kommt von dir. Du hast das Volk der Sterne im Weltall geschaffen. Du hast die vier Himmelsrichtungen geschaffen. Du hast den Tag geschaffen und alles, was am Tag geschieht. Großvater, Großer Geist, neige dich zur Erde herab, damit du meine Stimme hörst.

Du, der dort wohnt, wo die Sonne untergeht – sieh mich an! Ihr Donnerwesen – seht mich an! Du, der dort wohnt, wo der weiße Riese lebt in seiner Macht – sieh mich an! Du, der dort wohnt, wo die Sonne immerfort scheint, woher der Morgenstern kommt und der Tag – sieh mich an! Du, der wohnt, wo der Sommer lebt – sieh mich an! Du in den Tiefen des Himmels, mächtiger Adler, sieh mich an! Auch du, Mutter Erde, unser aller Mutter, die du Mitleid gehabt hast mit deinen Kindern!

Hört mich, ihr vier Himmelsrichtungen – ich bin euer Verwandter! Gebt mir die Kraft, auf dieser guten Erde zu wandern, mit allem verwandt, was da ist! Gebt mir Augen, die sehen, gebt mir Einsicht, damit ich euch gleich werde. Nur mit eurer Hilfe kann ich mein Gesicht in den Wind halten. Großer Geist, Großer Geist, mein Großvater! Alles Lebendige, alle Lebewesen auf der ganzen Erde gleichen einander. Zart und verletzlich kommen sie aus der Erde hervor. Schau auf die Gesichter dieser Kinder ohne Zahl, die wieder Kinder in den Armen tragen, auf daß sie dem Atem der Winde standhalten können und auf der guten Straße wandern bis zum Tag des Friedens.

Dies ist mein Gebet – höre mich an! Meine Stimme ist schwach, aber ich habe sie aus ganzem Herzen zu dir gesandt. Höre mich! Hetschetu aloh!

Hehaka Sapa

Der „weiße Riese" ist ein Bild für den Winter.
Die Zahl vier ist bei den Indianern eine heilige Zahl (die vier Himmelsrichtungen, die vier Winde aus Osten, Süden, Westen, Norden, die vier Elemente: Erde, Feuer, Wasser, Luft). Nach Meinung der Lakota soll ein Mann vier Tugenden besitzen: Tapferkeit, Großzügigkeit, Ausdauer, Weisheit. Aus der heiligen Pfeife werden jeweils vier Züge geraucht.
Das Gesicht in den Wind halten = sich behaupten, ebenbürtig sein.

SONKWIATISON
wir danken dir
für die Vögel
die uns mit ihren Liedern Freude geben
wir danken dir für das Gras
das noch immer wächst
und für das Wasser
das unseren Durst stillt
und alles reinigt und erneuert
es fließt noch immer
wie du es gewollt hast
Nia-wen

Kalentakowa

Kalentakowa ist eine Schülerin der Akwesasne Freedom School der Mohawk. Akwesasne („Wo das Rebhuhn balzt") ist der Name der kleinen Reservation der Mohawk am Ufer des St.-Lorenz-Stromes.
Sonkwiatison = Schöpfer der Welt (wörtlich übersetzt: „Dessen Gesicht niemand kennt").
Nia-wen = Danke.

LIED DER BÄUME

Ich fürchte mich
nur
vor dem Wind.

MEINE MUSIK

Meine Musik
steigt auf
bis zum Himmel.

Zwei Lieder der Tschippewa

Um die Umerziehung der Indianer zu beschleunigen, die Ureinwohner Amerikas möglichst schnell zu „zivilisieren", hatte man ihnen auch ihre traditionellen Lieder und Gedichte verboten. Als um 1900 weiße Forscher in den Reservationen die alten Lieder und Gesänge sammeln wollten, mußten sie es heimlich tun. Immer wieder stießen sie auf Angst und Mißtrauen.

GROSSER GEIST

bin nicht mehr taub
kann dich wieder hören
die vierflüglige Libelle
flüsterte mir zu
wir sind Brüder
Ich hör deine Stimme
im Wind, in den Bäumen ...
Ich laufe durch das hohe Gras
nicht mehr alleingelassen
mit Mutter Erde wieder vereint
Ich zog sie an mich
und hörte die Ameisen reden
die nie den alten Weg vergaßen ...
Ich bringe die heiligen Steine

Tahca Isnala

Dieses Gedicht von Tahca Isnala (Joe Rice) erschien 1975 in den „Akwesasne Notes." Die letzte Zeile bezieht sich auf eine alte Dakota-Zeremonie (Yuwipi), bei der rundgeschliffene weiße Kieselsteine, die auf Ameisenhaufen gefunden werden, eine Rolle spielen. Der Indianer liest in der Form und Farbe der Steine und findet Hilfe und Kraft bei ihnen. Kreisrunde Steine sind Sinnbilder für die Ewigkeit und die Gemeinschaft der Schöpfung.

UNSER LAND IST WERTVOLLER ALS EUER GELD

Reden gestern und heute

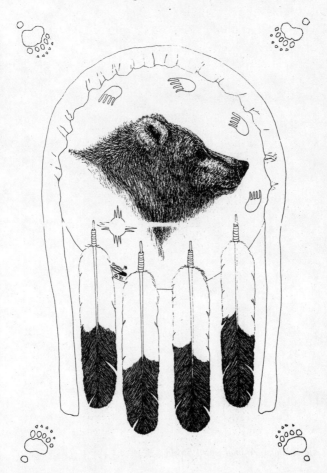

Carol Snow, Animal Spirit Shield - Bear

UNSER LAND IST WERTVOLLER ALS EUER GELD. Es wird immer da sein. Nicht einmal Feuer kann es zerstören. Solange die Sonne scheint und Wasser fließt, wird dieses Land bestehen und Menschen und Tieren Leben spenden. Wir können das Leben von Menschen und Tieren nicht verkaufen, daher können wir auch das Land nicht verkaufen. Der Große Geist hat es für uns erschaffen, und wir dürfen es nicht verkaufen, denn es gehört uns nicht. Ihr könnt euer Geld zählen und es verbrennen, und ihr braucht dazu nicht länger als ein Büffel, der mit dem Kopf nickt, aber nur der Große Geist kann die Sandkörner und Grashalme dieser Ebenen zählen. Als Geschenk werden wir euch alles geben, was wir haben – alles, was ihr forttragen könnt; aber unser Land – niemals.

Ein Häuptling der Blackfeet

Diese Worte sprach ein Häuptling der Blackfeet, als Abgesandte der Regierung ihn dazu bewegen wollten, einen Vertrag zu unterschreiben, in dem er dem Verkauf seines Gebietes zustimmte. Geld und Wertsystem der Weißen werden von ihm abgelehnt.
Die Blackfeet waren eines der mächtigsten Völker der Prärie; lange Zeit verhinderten sie erfolgreich das Vordringen der Weißen. Bei einer Pockenepidemie im Jahr 1836 starb mehr als die Hälfte des Stammes. Weitere Pockenepidemien folgten. Um 1883 verschwanden die Büffel aus der Prärie, viele Blackfeet verhungerten. Heute lebt das Volk in Reservationen in Montana und Kanada.

MEINE VERNUNFT SAGT MIR, daß man Land nicht verkaufen kann. Der Große Geist gab es seinen Kindern, damit sie einen Platz zum Leben haben und auf ihren Feldern anbauen, was sie an Nahrung brauchen. Solange sie dort wohnen und ihre Felder bestellen, haben sie ein Anrecht auf diesen Grund und Boden – nur wenn sie ihr Land freiwillig verlassen, dürfen sich andere Menschen darauf ansiedeln. Verkaufen kann man nur Dinge, die man wegtragen kann.

Black Hawk

Das Volk der Sauk und Fox lebte am Mississippi, im Mündungsgebiet des Rock River. Während des Sommers wohnten sie in Dörfern und bauten Mais an, im Winter zogen sie über den Mississippi in ihre Jagdgründe im späteren Staat Iowa. 1813 schlossen die Amerikaner mit den Engländern in Kanada Frieden; damit war für die weißen Siedler der Weg zum Mississippi frei. Die Sauk und Fox wurden aufgefordert, westwärts in die Prärie zu ziehen. Nicht alle waren dazu bereit. Im Frühjahr 1832 brach Black Hawk („Makataimeshekiakiak") mit fünfhundert Kriegern und etwa 1500 Frauen und Kindern auf, um sein Dorf an der Mündung des Rock River zu verteidigen. Er war damals 65 Jahre alt. In den folgenden Wochen wurden Black Hawk und seine Schar von der amerikanischen Armee gejagt, bis sie sich im August 1832 ergaben. Das Land der Sauk und Fox wurde von den Weißen besiedelt.

WIR BATEN EUCH WEISSE NICHT, in unser Land zu kommen. Der Große Geist gab es uns als Heim. Ihr hattet euer Land, und wir störten euch nicht. Der Große Geist gab uns genügend Land, um darauf zu leben, und er gab uns Büffel, Hirsche, Antilopen und andere Tiere zur Nahrung. Aber ihr kamt in unser Land, ihr nehmt es uns weg, ihr tötet die Tiere, die wir jagen; es wird schwer für uns zu überleben. Und nun verlangt ihr, daß wir arbeiten sollen, um unseren Lebensunterhalt zu verdienen. Aber der Große Geist wollte das nicht, er wollte, daß wir Jäger sind. Ihr weißen Menschen könnt arbeiten, wenn ihr es so haben wollt. Wir hindern euch nicht daran, ihr aber verlangt, daß wir zivilisiert werden wie ihr. Wir brauchen eure Zivilisation nicht! Wir wollen so leben wie unsere Väter und deren Väter zuvor.

Crazy Horse

Crazy Horse, geboren um 1842, war einer der wichtigsten militärischen Führer der Sioux und besaß auch als Weiser und Seher großes Ansehen. 1877 wurde er von den Amerikanern zu Verhandlungen eingeladen, dann aber verhaftet und, als er zu fliehen versuchte, umgebracht. Seine sinnlose Ermordung fiel in die Zeit, als der endgültige Niedergang seines Volkes bereits unabwendbar schien.

BRUDER, HÖRE UNS ZU! Es gab eine Zeit, da besaßen unsere Väter diese ganze große Insel. Ihr Land erstreckte sich vom Aufgang bis zum Untergang der Sonne. Der Große Geist hatte dieses Land für die Indianer geschaffen. Er erschuf auch den Hirsch, den Büffel und die anderen Tiere, damit wir Nahrung fanden. Er schuf den Bären und den Biber; ihre Häute dienten uns als Kleidung. Er zerstreute die Tiere über das ganze Land und lehrte uns, sie zu jagen. Er ließ den Mais aus der Erde wachsen, damit wir Fladenbrot backen konnten. All dies tat er für seine roten Kinder, denn er liebte sie.

Aber dann, an einem unheilvollen Tag, kamen deine Väter über das große Wasser und landeten am Ufer dieser Insel. Sie waren nur wenige. Sie fanden in uns Freunde, nicht Feinde. Sie sagten uns, daß sie aus Furcht vor bösen Menschen aus ihrem eigenen Land geflohen waren und nun hier in Freiheit ihre Religion ausüben wollten. Sie baten um ein wenig Platz zum Leben. Wir hatten Mitleid mit ihnen und erfüllten ihre Bitte; sie ließen sich unter uns nieder. Wir gaben ihnen Mais und Fleisch, sie gaben uns dafür Gift – ihren Alkohol.

Nun, Bruder, hatten die Weißen unser Land entdeckt. Sie sandten Nachrichten zurück nach Hause, und mehr und mehr von ihnen kamen. Aber wir hatten keine Angst vor ihnen. Wir sahen in ihnen Freunde. Sie nannten uns Brüder. Wir glaubten ihnen und gaben ihnen immer mehr Land. Schließlich wuchs ihre Zahl gewaltig an. Sie wollten noch mehr Land – unser Land! Da wurden uns die Augen geöffnet, und Unruhe erfaßte uns. Es kam zu Kriegen. Indianer wurden angeworben, um gegen Indianer zu kämpfen, und viele von uns starben. Die Weißen brachten auch den Alkohol in unser Land. Er war stark und mächtig, Tausende fielen ihm zum Opfer.

Bruder, einst war unser Land groß, und ihr hattet nur wenig Platz zum Leben. Nun seid ihr ein großes Volk geworden, und wir finden kaum Platz, unsere Decken auszubreiten. Ihr habt uns unser Land genommen, aber ihr seid damit noch nicht zufrieden. Jetzt wollt ihr uns auch noch zwingen, eure Religion anzunehmen.

Red Jacket

*Sa-Go-Ye-Wat-Ha („He keeps them awake"), besser bekannt unter seinem Namen Red Jacket (ein britischer Offizier hatte ihm eine rote Militärjacke geschenkt), lebte von ungefähr 1756 bis 1830. Sein Volk waren die Seneca, eine Nation im Irokesen-Staatenbund. Red Jacket sah sich selber nicht als Krieger, sondern als Redner. Als im Jahr 1805 ein christlicher Laienprediger ins Gebiet der Irokesen kam, fand in Buffalo, New York, eine Versammlung indianischer Häuptlinge statt, auf der Red Jacket die Ansprache des Predigers mit einer großen Rede beantwortete. In dieser Rede begründete er die Ablehnung des Glaubens der Weißen. Als er danach dem Prediger die Hand reichen wollte, wies ihn dieser brüsk zurück.
Die Indianer glaubten, daß Nordamerika eine riesige Insel sei. In den alten Mythen wird erzählt, daß eine Schildkröte, als die Erde erschaffen wurde, das Land auf ihrem Rücken trug.*

WEISSE MÄNNER MIT IHREN GEFLECKTEN BÜFFELN, den Rindern, waren nun überall auf der Prärie. Ihre Häuser standen in der Nähe der Wasserlöcher, und sie bauten ihre Siedlungen am Ufer der Flüsse. Obwohl wir unser Leben von Grund auf ändern mußten, beschlossen wir, freundlich zu den Weißen zu sein. Das war nicht leicht. Zu oft versprachen sie etwas, hielten dann aber ihr Versprechen nicht und handelten ganz anders.
Sie verkündeten, daß ihre Gesetze für jeden Gültigkeit hätten. Doch wir erkannten bald, daß sie zwar von uns verlangten, die Gesetze zu halten, selbst aber nicht daran dachten. Sie sagten uns, daß wir keinen Whisky trinken sollten, erzeugten ihn aber selber und tauschten dafür Pelze und Büffelhäute ein, bis fast nichts mehr für uns übrig blieb. Ihre weisen Männer forderten uns auf, ihre Religion anzunehmen. Als wir diese aber zu verstehen suchten, merkten wir, daß es bei den Weißen viele verschiedene Religionen gab und kaum zwei Weiße darin übereinstimmten, welches die rechte Lehre sei. Wir konnten das nicht begreifen, bis uns bewußt wurde, daß die Weißen ihre Religion ebensowenig ernst nahmen wie ihre Gesetze; sie benützten beides nur, wenn sie sich Fremden gegenüber einen Vorteil davon versprachen. Das war nicht unsere Art. Wir hielten unsere Gesetze und lebten nach unserer Religion. Wir konnten den weißen Mann nie verstehen, der nur sich selbst zum Narren hält.

Plenty Coups

Plenty Coups (Aleek-chea-ahoosh, 1848-1932) war ein Häuptling der Krähenindianer.

ICH WEISS NICHT MEHR, was ich glauben soll. Vor einigen Jahren besuchte uns ein guter Mann und redete mir meinen alten Glauben aus. Ich dachte, er müsse von diesen Dingen mehr verstehen als ein ungebildeter Indianer, und so trat ich seiner Kirche bei und wurde Methodist. Nach einer Weile ging er fort; ein anderer kam und redete, und ich wurde Baptist; dann kam wieder ein anderer, redete, und ich wurde Presbyterianer. Nun ist schon wieder einer da und will, daß ich der Episkopalkirche beitrete. Alle diese Leute erzählen verschiedenes, und jeder von ihnen beteuert, *sein* Weg sei der einzige, um gut zu leben und meine Seele zu retten. Entweder – so denke ich mir – sie lügen alle, oder sie wissen darüber keine Spur mehr als ich wußte, bevor der erste von ihnen kam. Ich habe immer an den Großen Geist geglaubt und ihn auf meine Weise verehrt. Anscheinend wollen diese Leute nicht meinen Glauben an den Großen Geist verändern, sondern nur die Art und Weise, wie ich mit ihm spreche. Die Weißen besitzen Bücher und Bildung und sollten eigentlich genau wissen, was zu tun ist, aber kaum zwei von ihnen sind sich je darüber einig.

Spotted Tail

Spotted Tail, ein Brulé-Sioux, lebte von ca. 1823 bis 1881 und war ein tapferer und erfolgreicher Kriegshäuptling. Er erkannte jedoch als einer der ersten, daß ein kriegerischer Widerstand gegen die Übermacht der Weißen auf die Dauer nicht möglich war, und riet daher seinem Stamm, den „Weg des Weißen Mannes" zu gehen und die neuen Lebensformen anzunehmen.

HAT UNS DER ERDBODEN ETWAS ZU SAGEN?

Hört er uns zu? Was wäre, wenn er jetzt spräche – er und alles, was auf ihm lebt? Aber ich höre ja, was der Erdboden sagt! Er spricht: „Der Große Geist hat mich erschaffen. Er wies mich an, für die Indianer zu sorgen und ihnen Nahrung zu geben. Der Große Geist ließ die Wurzeln in der Erde wachsen, damit ihr sie essen könnt." Das Wasser sagt uns dasselbe: „Der Große Geist leitet mich, damit ich für die Indianer sorge." Auf diese Weise spricht auch das Gras zu uns. Erdboden, Wasser und Gras sagen: „Der Große Geist hat uns unsere Namen gegeben." Die Erde spricht: „Der Große Geist schuf mich, damit alles auf mir wachse, Bäume und Früchte. Auch der Mensch wurde aus Erde gemacht." Als der Große Geist den Menschen die Erde zur Wohnung gab, trug er ihnen auf, behutsam mit ihr umzugehen und miteinander in Frieden zu leben.

Young Chief

Im Jahr 1855 fand im Walla-Walla-Tal an der Grenze der heutigen Bundesstaaten Oregon und Washington eine Ratsversammlung statt, an der die Stämme der Cayuse, Umatilla, Walla-Walla, Yakima und Nez Percé teilnahmen. Amerikanische Regierungsbeamte hatten diese Versammlung einberufen; die Indianer sollten dazu gebracht werden, einen Großteil ihres Landes abzutreten und in Reservationen zu ziehen. Young Chief, ein Häuptling der Cayuse, hielt eine Rede, in der er seine Ablehnung des vorgelegten Vertrages begründete, bevor er gezwungen wurde, das Dokument zu unterzeichnen.

ICH BIN DES KÄMPFENS MÜDE. Unsere Häuptlinge sind gefallen. Looking Glass ist tot. Toohulhulsote ist tot. Keiner der alten Männer ist mehr am Leben. Jetzt sind es die jungen, die ja oder nein sagen müssen. Mein Bruder Ollokot, der die jungen Männer führte, ist tot. Es ist kalt, und wir haben keine Decken. Die kleinen Kinder erfrieren. Ein paar von meinen Leuten sind in die Berge geflohen, sie haben keine Decken und nichts zu essen. Niemand weiß, wo sie sind, vielleicht erfrieren sie. Ich möchte meine Kinder suchen und sehen, wie viele von ihnen ich finden kann. Vielleicht werde ich sie unter den Toten finden. Hört mich an, meine Häuptlinge! Ich bin müde, mein Herz ist krank und traurig. Seht, wo die Sonne jetzt steht – von nun an werde ich nie wieder kämpfen.

Häuptling Joseph

Inmut-Tooyahlatlat („Donner, der über die Berge rollt"), geboren 1840, den die Weißen „Häuptling Joseph" nannten, mußte 1877 mit seinen Nez Percé das heimatliche Wallowa-Tal verlassen. Auf dem Weg in die Reservation, in der es kaum noch Lebensraum für neue Bewohner gab, kam es zu Zusammenstößen mit Siedlern. Joseph versuchte nun, seine kleine Schar (250 Krieger, 450 Frauen, Kinder und alte Menschen) nach Kanada in Sicherheit zu bringen und wurde von einer ganzen Armee unter mehreren Generälen verfolgt. Elf Wochen dauerte die Flucht, etwa 2500 Kilometer wurden zurückgelegt, meist über unwegsames Berggelände; immer wieder gelang es Joseph, die Soldaten zu besiegen und abzuschütteln. Nur fünfzig Kilometer von der kanadischen Grenze entfernt wurden die erschöpften Nez Percé während eines Schneesturms umzingelt. Joseph überreichte General Miles sein Gewehr und ergab sich.

AM MORGEN FLAMMTE DER KAMPF WIEDER AUF. Von überall Kugeln! Artilleriegeschosse explodierten. Von ihren Erdlöchern aus erwiderten unsere Krieger mit ihren Gewehren Schuß um Schuß. Es war ein wilder, stürmischer Morgen, der Schnee wirbelte dicht im kalten Wind. Pulverrauch erfüllte die Luft. Von allen Seiten blitzte das Mündungsfeuer der Gewehre auf. Die verhüllte Sonne stieg höher, der Kampf nahm nicht ab.

Ich fühlte das Ende nahen. Alles war verloren, wofür wir so viel gelitten hatten!

Erinnerungen stiegen in mir auf an das Wallowa-Tal, in dem ich aufgewachsen war. Erinnerungen an mein Land, als nur Indianer dort lebten. Ich sah Zelte an der Biegung eines Flusses. Klare, blaue Seen, weite Wiesen mit grasenden Pferden und Rindern. Mir war, als hörte ich aus den Bergwäldern Stimmen rufen. Mein Geist wanderte wie im Traum.

Der Kampf wurde heftiger, das Gewehrfeuer lauter und lauter. Ich richtete mich auf und blickte um mich. Alles schien gegen uns zu sein. Es gab keine Hoffnung mehr. Nur die Unfreiheit oder den Tod! In meinen Ohren schrillte es. Etwas zerbarst vor mir, grelleuchtend wie ein Blitz. Mir war, als stünde ich im Feuer. Dann trat ich vor, das Gewehr in der Hand. Ich sagte in meinem Herzen: „Hier will ich kämpfen und sterben für mein Volk und unser Land!"

Yellow Wolf

Yellow Wolf (1855-1935) war ein noch junger Krieger, als er mit Häuptling Josephs Schar nach Kanada zu fliehen versuchte. In seiner Lebensgeschichte berichtet er vom letzten Verzweiflungskampf der Nez Percé, bevor sie kapitulierten.

IHR WISST, WIE EINEM ZUMUTE IST, wenn man Verwandte oder Freunde verliert – durch Krankheit und Tod. Dann ist es einem gleichgültig, ob man selber stirbt. Uns erging es noch schlechter. Starke Männer, gesunde Frauen und kleine Kinder sind tot und begraben. Sie hatten es nicht verdient, daß sie getötet wurden, sie hatten nichts Böses getan. Wir hatten nur darum gebeten, in unserem Land bleiben zu dürfen, dem Land unsrer Ahnen. Wir gingen voll Trauer, mit gebrochenem Herzen. Nachdem wir alles verloren hatten, wanderten wir schweigend in die kalte Winternacht.

Wetatonmi

Im letzten Kampf der Nez Percé wurde auch Ollokot, Häuptling Josephs jüngerer Bruder, getötet. Seine Frau Wetatonmi schildert in ergreifenden Worten, was die Nez Percé nach der Niederlage und dem Verlust ihrer Heimat empfanden.
Die Nez Percé lebten in Oregon, im Nordwesten der Vereinigten Staaten, in einem Land hoher Berge, klarer Gebirgsflüsse und fruchtbarer Täler. Eines jener indianischen Völker, die ein friedliches Zusammenleben mit den Weißen anstrebten, wurden sie ein Opfer der unersättlichen Landgier der nach Westen vordringenden Siedler.

LASST MICH EIN FREIER MANN SEIN! Laßt mich gehen, wohin ich will, und bleiben, wo ich will, laßt mich den Ort selber wählen, wo ich arbeite und Handel treibe. Gebt mir die Freiheit, meine Lehrer selber auszusuchen und der Religion meiner Väter zu folgen. Gebt mir die Freiheit zu denken, zu reden und zu leben, wie es mir entspricht. Tut ihr das, werde ich jedes eurer Gesetze befolgen oder – wenn ich sie übertrete – mich der Bestrafung fügen.

Wenn die Weißen uns Indianer einmal so behandeln wie ihresgleichen, wird es keinen Krieg mehr geben. Wir alle werden gleich sein – Brüder, die denselben Vater und dieselbe Mutter haben, über uns derselbe Himmel, um uns ein gemeinsames Land mit einer Regierung für alle. Dann wird der Große Geist freundlich auf dieses Land herniederblicken, und sein Regen wird das Blut, das von Brüdern vergossen wurde, vom Antlitz der Erde wegwaschen. Auf diese Zeit warten wir Indianer, und wir beten, daß sie komme.

Häuptling Joseph

Als Häuptling Joseph sich 1877 ergab, versprach ihm General Miles, daß die Nez Percé in ihr Stammesgebiet zurückkehren dürften. Dieses Versprechen wurde nicht gehalten. Die Nez Percé mußten in das unfruchtbare „Indian Territory" in Kansas gehen, wo viele von ihnen an Malaria starben. 1879 erlaubte man Häuptling Joseph nach Washington zu reisen, um vor dem Kongreß für sein Volk zu sprechen. Auch dort wurde er mit leeren Versprechungen abgespeist. Erst im Jahr 1885 durften die Nez Percé Kansas verlassen; sie erhielten eine Reservation in der Provinz Washington. Ihr heimatliches Wallowa-Tal war längst von Weißen besiedelt. Am 21. September 1904 starb Häuptling Joseph an „gebrochenem Herzen", wie der Reservationsarzt sagte.

WIR HABEN NUR EIN EINZIGES UNRECHT BEGANGEN – wir haben besessen, was der weiße Mann in seiner Habgier selber besitzen wollte.

Eagle Wing

Um 1880 erzählte Eagle Wing (Khe-tha-a-hi) seine Lebensgeschichte, in der er sich an all das erinnert, was die Indianer durch das Vorrücken der Zivilisation verloren haben.

MEIN HERZ WURDE SCHWER, als ich die vielen toten Büffel sah, überall in unserem schönen Land. Die weißen Jäger nahmen nur die Häute und ließen die toten Tiere verrotten, viele, viele Hunderte. Im Judith-Becken sah ich es zum erstenmal; das ganze Land stank nach verwestem Fleisch. Nicht einmal der Duft der Blumen konnte den Gestank vertreiben. Unsere Herzen fühlten sich an wie Steine. Und doch glaubte niemand von uns – sogar damals noch nicht –, daß der weiße Mann *alle* Büffel töten würde. Aber er tat es, obwohl er das Fleisch gar nicht brauchte.

Pretty Shield

Pretty Shield, eine weise Frau der Krähenindianer (Crow), wurde um 1850 geboren und kannte noch jene Zeit, als die Präriestämme auf der Büffeljagd durch das Grasland zogen. „Wir waren ein glückliches Volk", sagte sie, als sie später einem weißen Freund ihre Lebensgeschichte erzählte. „Wir hatten genug zu essen und immer Grund zum Lachen. Als die Büffel getötet waren, wurden unsere Herzen nie mehr froh."

ES WAR NICHT SCHWER ZU SEHEN, daß die Weißen jeden Fußbreit unseres Landes besitzen wollten. In ihrer Gier wollten sie auch das letzte Stückchen Erde an sich reißen, das uns geblieben war. Es war schon immer der Wunsch nach Landbesitz, der den weißen Mann dazu trieb, die Indianer zu unterdrücken. Um Grund und Boden in ihren Besitz zu bringen, waren die Weißen zu jedem Verbrechen bereit. Alle Verträge, die wir schlossen, um etwas vom Land unserer Väter zu retten, waren nutzlos. Verträge, die uns heilig waren durch den Rauch aus unserer Pfeife, wurden von den Weißen immer wieder gebrochen, ihnen ist nichts heilig. Unersättlich und grausam, wie kein Tier es sein könnte, haben sie uns nach und nach alles genommen.

Luther Standing Bear

Für den Indianer ist die Pfeife ein heiliges Symbol, sie wird bei allen wichtigen Zusammenkünften religiöser und sozialer Art benützt.
Standing Bear, ein Lakota, wurde 1868 geboren. Als Kind lernte er noch das freie Leben der Prärievölker im Grasland von Nebraska und Süddakota kennen und wurde zum Jäger und Krieger erzogen. Mit elf Jahren ging er nach Carlisle, Pennsylvania, in eine Internatsschule der Weißen, wo man ihm den Namen Luther gab. Er starb 1939.

WIR KINDER WAREN EBENSO GESELLIG UND GESPRÄCHIG wie die Erwachsenen unseres Volkes. Während wir spielten, plauderten wir pausenlos miteinander und erzählten uns alles, was uns beschäftigte. Mußten wir leise sprechen, weil die Erwachsenen sich unterhielten, fiel uns dies schwer. Noch viel schwerer wurde es für uns, als wir in die Missionsschule kamen. Dort gab es eine Vorschrift, die uns den Gebrauch der eigenen Sprache untersagte; wer das Verbot übertrat, wurde mit dem Stock bestraft. Ein Neuling mußte daher wie eine stumme Puppe umhergehen, bis er gelernt hatte, sich englisch auszudrücken.

Francis La Flesche

Francis La Flesche, ein Omaha, wurde um 1857 geboren. Als kleiner Junge kam er in eine Missionsschule der presbyterianischen Kirche. Ziel dieser und anderer Schulen und Internate war es, alles Indianische in den Schülern auszulöschen, damit sie sich nahtlos in die „zivilisierte" Gesellschaft einfügten.
Zeit seines Lebens bewahrte sich Francis La Flesche die Liebe zur indianischen Lebensart, ihr widmete er seine Arbeit als Völkerkundler. In dem Buch „The Middle Five" erzählt er von seiner Schulzeit und setzt sich kritisch mit den Erziehungsmethoden der Weißen auseinander.

EINE GANZE WOCHE LANG wurden wir jungen Krieger mit Wörtern aus drei Buchstaben gequält. Wie Himbeerranken rissen sie uns blutig – diese kleinen Wörter „rat" oder „cat" –, trieben uns den Schweiß auf die Stirn, bis von unserer indianischen Würde und Selbstachtung nichts mehr übrig war.

Die Stunden und Tage verstrichen in ermüdender Regelmäßigkeit. Wir mußten Wörter nachsprechen und sie buchstabieren, mußten zählen lernen und imaginäre Summen addieren. Wir Indianer haben niemals Geld besessen, das wir zählen hätten können, auch keine Kartoffeln, Rüben oder Ziegel. Der einzige Wert, den wir schätzten, war unsere Ehre, und Ehre kann man nicht kaufen.

Ich war in den weiten, fruchtbaren Prärien aufgewachsen und an Freiheit und Großzügigkeit gewöhnt. Hier aber schien jeder seine Kartoffeln und Äpfel schon lang vor der Ernte zu zählen. Jeder Bach, und war er noch so klein, mußte Mühlen und Fabriken antreiben wie ein großer Fluß.

Ohiyesa

Ohiyesa, ein Sioux vom Stamm der Santee, lebte von 1858 bis 1939. Vor seinem fünfzehnten Lebensjahr hatte er kaum Kontakt mit weißen Amerikanern. Auf Drängen seines in der Kriegsgefangenschaft zum Christentum bekehrten Vaters besuchte Ohiyesa die Schule; er war einer der ersten Sioux, die ein Hochschulstudium absolvierten. Nach seiner Promotion arbeitete er drei Jahre als Arzt in der Pine Ridge Reservation in Süddakota. Als er gegen die Mißstände in der Reservation auftrat, wurde er gezwungen, seine Stelle aufzugeben.

ES WAR EIN KALTER WINTERMORGEN, als der Zug Chicago erreichte. Mir war, als führen wir durch die Schluchten einer Berglandschaft, so hoch ragten die Häuser auf. In diesem Augenblick wurde mir deutlich bewußt, daß die Zeit des Indianers endgültig vorüber war.

Am Bahnhof erwarteten mich Freunde; sie gingen mit mir durch einige der Hauptstraßen. Ich sah einen wahren Strom von Menschen, die wie verrückt dahineilten, und stellte mit Überraschung fest, daß die Gesichter dieser Leute alles andere als glücklich wirkten. Sie hatten einen tiefernsten Ausdruck, der mich erschreckte.

Meine Freunde warnten mich davor, Fremden zu vertrauen, und rieten mir, vor Taschendieben auf der Hut zu sein. Offensichtlich waren mit dieser mächtigen Zivilisation einige Nachteile verbunden, denn wir Indianer fanden es selten nötig, unser Besitztum zu bewachen.

Ohiyesa

In dem Buch „From the Deep Woods to Civilization" beschreibt Ohiyesa seine Erfahrungen mit der Welt der Weißen.

ICH HABE EIN NEUES SPRICHWORT ERFUNDEN: „Die Indianer jagen der Vision nach, die Weißen dem Dollar." Wir sind ein unbrauchbarer Rohstoff, um Kapitalisten daraus zu machen. Wir geben auch keine guten Farmer ab, denn tief in uns lebt das Bewußtsein fort, daß kein Mensch das Land, das Wasser, die Luft, die Erde und was unter ihrer Oberfläche liegt als Privateigentum besitzen kann. All das gehört allen gemeinsam, und wenn die Menschen überleben wollen, sollten sie diesen indianischen Standpunkt übernehmen, je schneller, desto besser – es bleibt nicht mehr viel Zeit, darüber nachzudenken.

Lame Deer

Das Buch „Lame Deer – Seeker of Visions", dem dieser Ausschnitt entnommen ist, erschien 1972. In Lame Deers Persönlichkeit verbanden sich Humor und Ironie mit tiefem Ernst und Verantwortungsgefühl. Die Dollarscheine der Amerikaner bezeichnete er abfällig als „grüne Froschhäute" und sagte, er sehe nicht ein, warum man sich ihretwegen so verrückt machen könne, wie die Weißen es tun. In der Welt der Weißen werde alles und jedes mit einem Preisschild versehen, kritisierte Lame Deer; das widerspreche dem Respekt vor der Schöpfung.
Lame Deer (Tahca Ushte) wurde um 1900 auf der Rosebud Reservation in Süddakota geboren. Er hielt an der traditionellen Religion, dem „alten Weg" seines Volkes, fest. In seinem Leben übte er viele Berufe aus: er war Rodeo-Clown, Soldat, Schildermaler, Mitglied der Stammespolizei, Schäfer. Vor allem aber war er ein heiliger Mann seines Volkes, ein Medizinmann. Er starb 1974.

DURCH SEINE GEFÜHLLOSIGKEIT DER NATUR GEGENÜBER hat der weiße Mensch das Antlitz unserer Mutter Erde entweiht. Seine hochentwickelten technologischen Fähigkeiten sind eine Folge der Mißachtung des Geistigen und der Lebensart aller Geschöpfe. Seine Gier nach Macht und materiellem Besitz hat ihn blind für die Schmerzen gemacht, die er der Mutter Erde durch die Ausbeutung ihrer Bodenschätze zufügt. Und der Pfad, den uns der Große Geist gezeigt hat, wird für fast alle Menschen immer schwerer erkennbar, auch für viele Indianer, die sich entschlossen haben, dem Weg des Weißen zu folgen.

Brief der Hopi an Präsident Nixon

Dieser Text ist einem Brief entnommen, den die traditionellen religiösen Führer der Hopi im Jahr 1970 an den amerikanischen Präsidenten Nixon schrieben. Damals hatte die Peabody Coal Company begonnen, in der Reservation der Hopi und Navajo Kohle im Tagbau zu gewinnen, wodurch ein ganzer Landstrich verwüstet wurde.

WENN DAS LAND KRANK IST, sind auch die Menschen krank, und wenn die Menschen krank sind, ist das Land krank.

Herbert Blatchford

Der Navajo Herbert Blatchford ist einer der Gründer des „National Indian Youth Council", das sich für das Selbstbestimmungsrecht der Indianervölker einsetzt. In seinem Artikel, aus dem das Zitat stammt, arbeitet er heraus, daß die Indianer zu allen Zeiten versucht haben, im Einklang mit der sie umgebenden Natur zu leben; Ausbeutung der Umwelt, wie sie durch die Technologie der Weißen geschieht, ist ein der indianischen Lebensart fremder Gedanke.

DIE GESAMTZAHL DER INDIANER in den Vereinigten Staaten beträgt nach der letzten Volkszählung nur wenig mehr als eine Million. Manche Wissenschaftler schätzen die indianische Bevölkerung vor dem Kommen der Weißen auf über 45 Millionen, andere nehmen an, es seien ungefähr 20 Millionen gewesen. Die Regierung der Vereinigten Staaten hat fast 200 Jahre lang die Phantasiezahl von 450 000 benutzt. Wenn, wie aufgrund von Erhebungen mit Nachdruck behauptet wird, etwa 25 Prozent der indianischen Frauen und 10 Prozent der Männer ohne Wissen und Zustimmung sterilisiert wurden; wenn unsere durchschnittliche Lebenserwartung nach der aktuellsten Untersuchung 45 Jahre beträgt; wenn unsere Säuglingssterblichkeit weiterhin hoch über dem landesweiten Durchschnitt liegt; wenn die Arbeitslosenrate für alle Teile unserer Bevölkerung 60 bis 90 Prozent ausmacht; wenn die US-Regierung in ihrer Politik der Umsiedlung, Vertreibung und Assimilierung fortfährt, verbunden mit der Zerstörung naturbelassener Gebiete, von Reservationsland und seinen Bodenschätzen; wenn unsere Jagd-, Fischerei-, Holznutzungs- und Wasserrechte weiterhin drastisch eingeschränkt werden – DANN sind die Stämme immer noch vom Aussterben bedroht.

Paula Gunn Allen

Obwohl Paula Gunn Allens Text geradezu sachlich gehalten ist, verrät er den Schmerz und die Trauer der Autorin, läßt er deutlich die Anklage spüren. Paula Gunn Allen wurde 1939 im spanischsprachigen Cubero, New Mexico, geboren. Mütterlicherseits stammt sie von Laguna-Pueblo-Indianern und Sioux ab, väterlicherseits von libanesischen Einwanderern. Von ihrer Herkunft her fühlt sie sich irgendwo zwischen den beiden „Welten" angesiedelt, der indianischen Kultur aber tiefer verbunden.

WENN WIR UNSERE RECHTE AUFGEBEN, zerstören wir uns selbst. Wir wissen, daß wir überleben werden, solange wir für unsere Rechte kämpfen. Geben wir auf, müssen wir sterben.

Harold Cardinal

Harold Cardinal, ein Cree-Indianer, wurde 1945 in Alberta (Kanada) geboren. Er setzt sich politisch und als Buchautor für die Rechte der kanadischen Urbevölkerung ein und kritisiert die Indianerpolitik der Regierung, die Verträge mißachtet und oft nur aus leeren Versprechungen besteht.

UNSER VOLK MUSS SICH HEUTE gegen die militärische Übermacht der amerikanischen Regierung zur Wehr setzen. Wir haben aber noch einen anderen, unsichtbaren Feind, der uns ringsum gefährdet. Wir wissen, wer dieser Feind ist, doch er ist sehr schwer zu besiegen. Unser Land wird von der Umweltzerstörung bedroht.

Ganz in der Nähe steht das Reynolds Aluminiumwerk, eine Fabrik, die – wie man uns sagt – täglich rund 2500 Kilogramm Fluoride ausstößt, auf unser Gebiet und unser Volk.

Vor langer Zeit, als wir unsere Weisungen und Lebensregeln erhielten, wurde uns gelehrt, allen Gaben des Schöpfers unseren Dank abzustatten – den Gräsern, dem Wasser, der Luft, die wir atmen. Jede unserer Versammlungen beginnt mit einer solchen Danksagung. Dadurch erinnern wir einander, daß wir Ehrfurcht haben müssen vor den Geschenken des Schöpfers, Ehrfurcht vor unserer Mutter Erde und all ihren Gaben. Das ist heute schwer geworden. Und doch hören wir nicht auf, Dank zu sagen. Denn wir sind noch immer hier. Und wir haben es dem Schöpfer versprochen.

Wenn aber nun diese Chemikalien unser Land verseuchen, müssen wir die Welt darauf aufmerksam machen und versuchen, das unmenschliche Zerstörungswerk zu beenden. Ich habe zwei Söhne, beide sind bereits erkrankt. Der eine hat eine Hautkrankheit; die Ärzte behaupten, sie kennen die Ursachen nicht. Mein anderer Sohn leidet an einer Knochenschädigung.

Wissenschaftler haben die Auswirkungen der Fluoridvergiftung untersucht und festgestellt, daß Rinder die Zähne verlieren, wenn sie das verseuchte Gras fressen. Ihre Knochen werden spröde und brüchig. Manchmal kommen die Kälber mißgebildet auf die Welt. Obwohl man um diese

Tatsachen weiß, wird unser Land weiter verseucht, ohne Rücksicht auf uns und unsere menschlichen Rechte.

Einst wurden wir angewiesen, an unsere Kinder zu denken und so zu handeln, daß unser Land auch noch in sieben Generationen ein guter Platz zum Leben sei. Was können wir aber heute tun, wie sollen wir vorsorgen für die siebente Generation? Wir möchten die Welt aufrufen, umzudenken und ihre Werte neu zu bestimmen. Wir möchten den großen multinationalen Konzernen bewußt machen, daß es Menschen sind, die auf dieser Erde leben – daß sie es nicht nur mit Dingen zu tun haben, die man nach Belieben gebrauchen und verändern kann. Menschen besitzen Gefühle, und sie träumen davon, daß auch ihre Enkelkinder einmal einen guten Platz zum Leben haben.

Jake Swamp

Jake Swamp ist Häuptling des Wolfs-Klans der Mohawk in der Akwesasne Reservation, die unter der Umweltverschmutzung besonders zu leiden hat. Nicht nur ein großes Aluminiumwerk und andere Fabriken an den Grenzen der kleinen Reservation vergiften das Land, auch das Grundwasser ist durch den Ausbau des St.-Lorenz-Stromes als Verkehrsader für Ozeandampfer nach Chicago verseucht. – Der Text ist ein Ausschnitt aus einer Rede, die Jake Swamp bei einem traditionellen Treffen der Mohawk im Jahr 1980 hielt.

DIE WISSENSCHAFT DER WEISSEN studiert leblose Dinge und erfindet giftige Substanzen, die Pflanzen, Tiere und Menschen töten oder verstümmeln. Ihr nennt das Fortschritt. Wir Indianer nennen es Wahnsinn. Unsere Wissenschaft beschäftigt sich mit lebendigen Wesen, ihrem Einfluß aufeinander und wie sie ihr Leben im Gleichgewicht halten.

Carol Lee Sanchez

Carol Lee Sanchez, 1934 in New Mexico geboren, stammt von Laguna-Pueblo-Indianern und Sioux ab. Sie schreibt, malt und lehrt, hat drei Gedichtbände veröffentlicht und auf Ausstellungen in Kalifornien und Colorado ihre Bilder gezeigt.

WIR HABEN UNSER LAND UND UNSERE FREIHEIT VERLOREN, aber noch haben wir unsere Art zu denken und zu leben bewahrt. Als Indianer könnten wir einen bedeutenden Beitrag zu eurer Kultur leisten. Nur wenigen Weißen kommt es in den Sinn, daß auch die Menschen anderer Hautfarbe, seien sie nun rot oder schwarz oder gelb, sich Gedanken darüber machen, wie diese Welt besser werden könnte.

Vieles ist verrückt in der Welt des weißen Mannes. Wir glauben, daß die Weißen sich mehr Zeit nehmen sollten, um mit der Erde, den Wäldern und allem, was wächst, vertrauter zu werden, statt wie eine in Panik geratene Büffelherde herumzurasen. Wenn die weißen Menschen auch nur einige unserer Ratschläge befolgten, fänden sie eine Zufriedenheit, die sie jetzt nicht kennen und die sie auf ihrer verbissenen Jagd nach Geld und Vergnügen vergeblich suchen. Wir Indianer können die Menschen immer noch lehren, wie man im Einklang mit der Natur lebt.

Tatanga Mani

Tatanga Mani (Stoney-Indianer) wurde Häuptling seines Stammes in jener schwierigen Zeit, als die Indianer ihren Lebensraum verloren hatten und mit der Zivilisation der Weißen konfrontiert wurden.
Die Stoney lebten als Nomaden in den kanadischen Rocky Mountains und in der angrenzenden Prärie.

WENN WIR UNSERE GESCHICHTE BETRACHTEN und das, was wir die indianische Lebensweise nennen, so gibt es zwischen uns und den anderen Völkern keine großen Unterschiede. Für Franzosen oder Holländer, oder wie immer sie heißen mögen, kann das Leben früher nicht viel anders gewesen sein als für uns. Damals, vor langer Zeit, hatten auch sie keine Lehrer, keine Schulen und keine Universitäten, die sie hätten besuchen können. Auch sie waren einst mit der Natur verbunden und lernten von ihr.

Als ich letztes Jahr in London war, erinnerte ich meine Zuhörer daran; eine Woche lang hielt ich Vorträge in der Innenstadt, und ich rief den Engländern ins Gedächtnis, daß auch ihre Ahnen naturbezogen gelebt hatten. Die alten Häuser in den Straßen geben davon Zeugnis – anders als die modernen Bauten sind sie von den Formen der Natur geprägt. Alte Möbel zeigen ebenfalls noch diesen Einfluß, die modernen Möbel haben ihn verloren. Viele moderne Gebäude bestehen fast nur aus Glas. Auch Bach und Mozart waren der Natur verbunden, ihre Musik bezeugt es. Früher waren die Menschen Partner der Natur und liebten sie. Im Namen des Fortschritts wurde diese Naturverbundenheit jedoch verdrängt.

Eine Folge davon ist die Zerstörung der Natur, wie wir sie heute sehen; Bäume, die uns im Weg sind, werden kurzerhand mit dem Bulldozer niedergewalzt. Es gibt keine Liebe mehr zur Natur, höchstens noch bei einzelnen kleinen Gruppen, die für die Erhaltung der Umwelt kämpfen. Und bei den eingeborenen Völkern, die die Natur, ihre Mutter Erde, immer schon geliebt und verehrt haben.

Phillip Deere

Der Text ist einer von Phillip Deeres Reden entnommen, die er auf der ganzen Welt hielt – vor der UNO in Genf, an zahlreichen amerikanischen und europäischen Universitäten. Phillip Deere aus Okemah in Oklahoma, Medizinmann und geistiger Führer der Muskogee-Creek, verstand es, komplexe Fragen in einfacher, bildhafter Weise zu behandeln. Er trat für die indianischen Bürgerrechte ein und war eine Zentralfigur im „Elders' Circle", dem stammesübergreifenden Kreis der Ältesten. Immer wieder betonte er die Notwendigkeit, die indianische Kultur vor der Vereinnahmung durch die Zivilisation der Weißen zu schützen und ihre Eigenständigkeit zu bewahren. Phillip Deere starb 1985 im Alter von etwa 60 Jahren; sein genaues Geburtsdatum ist unbekannt, da keine Geburtsurkunde existiert. Das „American Indian Movement", das mit dem Erwachen des neuen Selbstbewußtseins der Indianer entstand, hat Phillip Deere – dem spirituellen Ratgeber – viel zu verdanken.

WIR HABEN VIEL von der Kultur der Weißen übernommen und leiden darunter. Nun mögen die Weißen ruhig einiges von uns übernehmen und bereichert werden.

Donn St. Germain

Nah-Wah-Koo-Wush (Donn St. Germain) war ein Anisnawbeg, der bei einer Geiselaffäre im staatlichen Gefängnis von Kingston von einem Aufseher erschossen wurde. Während seines Gefängnisaufenthaltes schöpfte er Kraft aus den Lehren des Altenrates und setzte sich für seine Mitgefangenen ein; er kämpfte auch darum, daß Indianern – ebenso wie den Christen – die Ausübung ihrer traditionellen Religion im Gefängnis gestattet würde.

WEIL DU AM LEBEN BIST, IST JEDER TAG GUT

Lebenszeugnisse

Carol Snow, Animal Spirit Shield – Wolf

DER EINGANG EINES TIPIS zeigt immer nach Osten. Wenn der Indianer am Morgen hinaustritt, um die Sonne zu begrüßen, die im Osten emporsteigt, wendet er sein Gesicht dem neuen Tag zu und macht vier Schritte. Jeder der Schritte ist von einem Wunsch begleitet, einem Wunsch für jeden Schritt und für jede der vier Jahreszeiten, die vor uns liegen. Dann schaut der Indianer nach Westen; er nimmt den Pfad der Sonne vorweg, geht ihr voraus, bevor sie noch selber den westlichen Horizont erreicht hat. Auf diese Weise drückt er aus, daß er nicht zurück kann; der Tag, der gestern war, ist vergangen. Er blickt nach vorn.
Im Leben eines Indianers gibt es keine schlechten Tage. Auch wenn es noch so stürmisch ist – jeder Tag ist gut. Weil du am Leben bist, ist jeder Tag gut.

Henry Old Coyote

Henry Old Coyote, geboren 1912, ist ein Medizinmann der Krähenindianer.
„Tipi", ein Wort aus der Dakota-Sprache, bezeichnet das kegelförmige Zelt der Prärie-Indianer; aus gegerbter Büffelhaut gemacht, war es meist verziert und mit Symbolen bemalt.
Die Zahl vier („vier Schritte") ist im indianischen Denken eine heilige Zahl.

DIE SECHS GROSSVÄTER haben viele Geschöpfe in diese Welt gesetzt, und alle sollen glücklich sein. Jedes Wesen, jedes kleine Etwas erfüllt einen bestimmten Zweck, und es soll glücklich sein und die Kraft besitzen, glücklich zu machen. Wie die Gräser auf einer Wiese sich einander freundlich zuneigen, so sollen auch wir es tun, denn die Großväter der Welt haben es so gewollt.

Hehaka Sapa

Hehaka Sapa (Black Elk) sah die „sechs Großväter" (die sechs Mächte der Welt: die vier Himmelsrichtungen sowie Himmel und Erde) in seiner ersten, großen Vision. Er erhielt Zutritt zu ihnen im „Regenbogenzelt" über den Wolken, wo diese ehrfurchtgebietenden Mittlerwesen zwischen den Menschen und Wakan Tanka, dem Großen Geheimnis, ihn vielerlei lehrten.
John G. Neihardts Buch „Black Elk Speaks" ist zu einem Klassiker der modernen Indianerbewegung geworden; der geistige Einfluß des 1950 verstorbenen Lakota-Indianers wirkt bis heute weiter.

WER EIN WIRKLICHER INDIANER SEIN WILL, muß alles Lebendige auf dieser Erde achten, auch den Himmel, den Mond, die Sonne, die Sterne und was sonst am Himmel ist. Wenn jemand in sein Haus kommt, der arm ist, soll er ihm Essen und Kleidung und Unterkunft geben. So sollte ein Indianer handeln, der die alten Gesetze befolgt.

Kim Bush Katsitsiosta, 12 Jahre

Katsitsiosta („She makes beautiful flowers") ist eine Schülerin der Akwesasne Freedom School der Mohawk.
Das Volk der Irokesen hatte sich um 1750 zu einem Staatenbund zusammengeschlossen, dem fünf, später sechs Stämme angehörten: Seneca, Cayuga, Onondaga, Oneida, Mohawk, Tuscarora. Ihr Gebiet lag im heutigen Staat New York. Heute leben die Irokesen in Reservationen im Staat New York und in Kanada.
Die Irokesen waren erfolgreiche Bauern und züchteten Mais, Bohnen und Kürbisse. Sie bauten Langhäuser, in denen immer mehrere Familien wohnten. Die führende Rolle in einem Langhaus spielte eine ältere Frau, die vom Familiengroßverband für diese Aufgabe gewählt wurde.

ALS ICH EIN KIND WAR, verstand ich zu geben und zu teilen; seit ich zivilisiert wurde, habe ich diese Tugenden verlernt. Ich lebte ein natürliches Leben, jetzt lebe ich ein künstliches. Damals war jeder hübsche Kieselstein für mich kostbar, und ich hatte Ehrfurcht vor jedem Baum.
Der Ureinwohner Amerikas verband seinen Stolz mit einer außergewöhnlichen Demut. Überheblichkeit war seinem Wesen und seiner Lehre fremd. Er erhob niemals den Anspruch, daß die Fähigkeit, sich durch Sprache auszudrücken, ein Beweis für die Überlegenheit des Menschen über die sprachlose Schöpfung sei; ganz im Gegenteil, er sah in dieser Gabe eine Gefahr. Er glaubte fest an das Schweigen – das Zeichen vollkommener Harmonie. Schweigen und Stille stellten für ihn das Gleichgewicht von Körper, Geist und Seele dar.
Wenn du den Indianer fragst: „Was ist die Stille?", wird er dir antworten: „Das Große Geheimnis." „Die heilige Stille ist Seine Stimme." Und wenn du fragst: „Was sind die Früchte der Stille?", so wird er sagen: „Selbstbeherrschung, wahrer Mut und Ausdauer, Geduld, Würde und Ehrfurcht."
„Hüte deine Zunge in der Jugend", sagte der alte Häuptling Wabashaw, „dann wirst du vielleicht im Alter deinem Volk einen weisen Gedanken schenken."

Ohiyesa

Ohiyesa (mit „weißem" Namen Charles Alexander Eastman), Arzt und Schriftsteller aus dem Volk der Dakota, wies in seinen Büchern ganz bewußt auf Wert und Würde der indianischen Lebensart hin, um das Vorurteil seiner weißen Leser abzubauen, die Ureinwohner Amerikas seien „Wilde" gewesen.

DIE WEISSEN GLAUBEN, Geld sei alles; uns Indianern bedeutet Glücklichsein mehr.

Chiparopai

Diesen Ausspruch der Yuma-Indianerin Chiparopai veröffentlichte Natalie Curtis 1907 in einem Sammelwerk indianischer Lieder und Mythen, dem „Indians' Book". Chiparopai, eine weise alte Frau, vertrat ihren Stamm bei vielen Verhandlungen. Sie sprach Spanisch und Englisch. Yuma bedeutet „Söhne des Flusses". Dieser Stamm lebt in einer Reservation am Colorado River im Südosten Kaliforniens.

IM DENKEN DES INDIANERS IST DER KREIS, der Ring ein wichtiges Symbol. Die Natur bringt alles rund hervor. Die Körper der Menschen und der Tiere haben keine Ecken. Für uns bedeutet der Kreis die Zusammengehörigkeit von Menschen, die gemeinsam um das Feuer sitzen, Verwandte und Freunde in Eintracht, während die Pfeife von Hand zu Hand geht. Das Lager, in dem jedes Tipi seinen bestimmten Platz hatte, war ebenfalls ein Ring. Auch das Tipi selber war ein Kreis, in dem Menschen im Kreis saßen, und alle Familien eines Dorfes waren Kreise im größeren Kreis, Teil des großen Ringes der sieben Lagerfeuer der Sioux, die zusammen ein Volk bildeten. Dieses Volk wieder war nur ein kleiner Teil des Universums, das kreisförmig ist und aus der Erde, der Sonne, den Sternen besteht, die alle rund sind. Mond, Horizont, Regenbogen – auch sie sind Kreise in größeren Kreisen, ohne Anfang, ohne Ende.

All das ist für uns schön und voller Bedeutung; Symbol und Wirklichkeit zugleich, drückt es die Harmonie von Leben und Natur aus. Unser Kreis ist zeitlos, steht nie still; aus dem Tod geht neues Leben hervor – Leben, das den Tod besiegt.

Das Symbol des weißen Mannes dagegen ist das Viereck. Viereckig sind seine Häuser und Bürogebäude, und sie haben Wände, die die Menschen voneinander abschließen. Viereckig ist die Tür, die dem Fremden den Eintritt verwehrt, der Geldschein, das Gefängnis. Viereckig sind auch die Geräte der Weißen – nichts als Schachteln und Kisten – Fernsehapparate, Radios, Waschmaschinen, Computer, Autos. Alles hat Ecken und scharfe Kanten – selbst die Zeit ist nicht mehr rund, die Zeit des weißen Mannes, bestimmt von Terminen, Stechuhren und Stoßzeiten.

Lame Deer

WENN ES STIMMT, DASS MANCHE MENSCHEN groß und bedeutend sind und andere nicht, dann zweifle ich daran, daß die Reihen der Großen aus Politikern, Generälen und Millionären bestehen. Ich glaube vielmehr, daß es Menschen sind wie Swimmer Snell, der sich abarbeitete und trotzdem keinen Cent sparen konnte, der sein Leben lang unter der Armutsgrenze blieb, dennoch elf Kinder großzog und ihnen die Werte der alten Traditionen mitgab – solche Menschen sind groß.

Robert J. Conley

Adawosgi oder Swimmer Snell war der Schwiegervater des Dichters Robert J. Conley, der 1940 in Cushing, Oklahoma, geboren wurde. Conley, ein Cherokee, ist Lyriker, Kurzgeschichten-, Roman- und Drehbuchautor.

DIE WIEGENLIEDER MEINES VOLKES wurden von Generation zu Generation überliefert. Wir singen sie heute noch. Viele dieser Lieder erzählen davon, wie zärtlich Tiereltern für ihre Jungen sorgen; andere erzählen, woher unser Volk kommt und von den Orten, an denen wir lebten. Mit diesen Liedern wollen wir unsere Kinder vor allem eines lehren – Ehrfurcht. Ehrfurcht und Achtung vor ihren Mitgeschöpfen. Erst wenn sie gelernt haben, andere zu achten, werden sie sich selber achten; durch diese Selbstachtung aber gewinnen sie auch den Respekt der anderen. Selbstachtung ist eine jener Eigenschaften, die meinem Volk wichtig sind und die wir unterstützen und pflegen. Ohne Selbstachtung kann der Mensch nicht leben.

Henry Old Coyote

Das neuerwachte Interesse auch „weißer" Organisationen an der traditionellen indianischen Kultur dokumentiert sich z. B. in einer vom New Yorker Myrin-Institut veranstalteten Konferenz über indianische Erziehungsmethoden, die 1972 stattfand und auf der Henry Old Coyote auch über die Wiegenlieder seines Volkes sprach. Alle Zitate von Henry Old Coyote in diesem Band stammen aus dem Buch „Respect for Life" (1974), herausgegeben vom Myrin-Institut.

WIR ERZÄHLEN UNSEREN KINDERN GE-
SCHICHTEN, in denen sie lernen, diese Welt zu lieben
und keine Angst zu haben. Alles, was der Schöpfer geschaffen hat, ist gut. Der Donner ist unser Freund, denn er
bringt uns den Regen. Auch der Wolf ist unser Freund, er
lehrt uns, gute Jäger zu sein, und wenn wir sehen, wie liebevoll er für seine Jungen sorgt, erinnert er uns daran, daß
auch wir liebevoll für unsere Kinder sorgen müssen.

Doug George

Doug George, ein Mohawk, ist Mitarbeiter der „Akwesasne Notes". Sein indianischer Name, „Kanentiio", bedeutet „Hübsche Kiefer".
In ihrer eigenen Sprache nennen die Mohawk sich „Ganienkehaga" – Bewohner des Feuersteinlandes. Sie gehören zu den „Sechs Nationen", dem Irokesenbund. Diese Völker schlossen sich lange vor dem Kommen der Weißen zusammen, um in Frieden miteinander zu leben.

LIEBT EURE KINDER um ihrer selbst willen, nicht ihrer Leistungen wegen.

Basil Johnston

Dieser Satz stammt aus dem Buch „Ojibway Heritage", das unter dem Titel „Und Manitu erschuf die Welt" auch ins Deutsche übersetzt wurde. Basil Johnston, Dozent für Ethnologie und Schriftsteller, ist selber ein Odschibwä und hat sich auf Geschichte, Sprache und Mythologie seines Volkes spezialisiert. Er lebt in Ontario (Kanada).

EURE LEUTE GLAUBEN, daß die Erziehung in den Schulen darauf ausgerichtet sein sollte, aus Indianern weiße Menschen zu machen. Wir haben nie vorgeschlagen, aus Weißen Indianer zu machen, obwohl das für sie nützlich sein könnte, und daher sind wir auch dagegen, wenn man versucht, uns Indianer den Weißen anzugleichen. Für uns ist es besser, gute Indianer zu sein als schlechte Weiße. Warum können Indianer nicht wie Indianer neben den weißen Menschen leben und trotzdem von ihnen geachtet werden?
Ich habe keine höhere Schule besucht, aber der Große Geist gab mir, was ich in keinem Klassenzimmer hätte lernen können: das Herz und den Willen, Erkenntnis zu erlangen. Ich wünsche mir, daß unsere jungen Menschen auf die Suche nach der Wahrheit gehen, nach jener Wahrheit, die die Natur allen gibt, die sich ehrlich darum bemühen. Viele gebildete Menschen verstehen sehr wenig von der Schöpfung des Großen Geistes und ihren Wundern, während viele ungebildete Menschen dieses Verständnis besitzen. Ich ging auf keine eurer höheren Schulen, und doch besuchte ich die beste Universität, die es gibt, die große Universität draußen in der Natur.

Tatanga Mani

Tatanga Mani (Walking Buffalo) vom Volk der Stoney-Indianer wurde 1871 geboren und als Kind von einem weißen Missionar adoptiert. Er wurde in einer Schule der Weißen erzogen, hörte aber nie auf, von der Natur, dem „Buch des Großen Geistes", zu lernen. Tatanga Mani starb 1967.

WIR LAKOTA LIEBTEN DIE NATUR. Wir liebten die Erde und alles, was sie hervorbrachte, und mit zunehmendem Alter wurde diese Verbundenheit nur noch stärker. Wenn die alten Menschen unseres Volkes auf dem Erdboden saßen oder ruhten, spürten sie die mütterliche Nähe der Erde. Sie wollten mit ihrer Haut den Boden berühren; oft zogen sie ihre Mokassins aus und gingen barfuß auf der Erde, die ihnen heilig war. Die Tipis der Lakota waren auf die Erde gebaut, ihre Altäre aus Erde gemacht. Die Vögel, die in der Luft flogen, hielten auf der Erde Rast, und für alles Lebendige war sie der Ort letzter Ruhe. Der Erdboden verlieh Kraft, linderte den Schmerz, reinigte und heilte.

Aus diesem Grund sitzen alte Indianer immer noch lieber auf der Erde als auf einem Stuhl, fern von ihren lebenspendenden Kräften. Auf dem Erdboden zu sitzen oder zu liegen bedeutet für sie, daß sie besser nachdenken und tiefer empfinden können; sie sehen die Geheimnisse des Lebens klarer und erkennen deutlich die Verwandtschaft mit den Lebewesen ringsum.

Luther Standing Bear

ÖSTLICH VOM HAUS MEINER GROSSMUTTER

steigt die Sonne am Morgen aus der Grasebene empor. Einmal in seinem Leben – so glaube ich – sollte ein Mensch sich mit seinem ganzen Wesen auf ein Stück vertrauter Erde konzentrieren. Er sollte sich einer Landschaft, die er kennt, ganz hingeben, sie aus so vielen Blickwinkeln betrachten, wie es ihm möglich ist, über sie staunen und bei ihr verweilen. In seiner Vorstellung sollte er sie zu jeder Jahreszeit mit seinen Händen berühren und ihre vielfältigen Laute in sich aufnehmen. Er sollte sich die Geschöpfe vorstellen, die dort leben, und jeden Windhauch spüren, der darüberstreicht. Er sollte in sich die Erinnerung wachrufen an das strahlende Mittagslicht und an alle die Farben der Morgendämmerung und der abendlichen Dunkelheit.

N. Scott Momaday

N. Scott Momaday wurde katholisch erzogen, hat sich aber später der traditionellen Religion seiner Vorfahren zugewandt. Seine Mutter war eine Cherokee, sein Vater gehörte dem Volk der Kiowa an, dessen große Wanderung Momaday in dem Buch „The Way to Rainy Mountain" beschrieben hat. Aus diesem Werk stammt der vorliegende Text.
Die ursprüngliche Heimat der Kiowa war das Quellgebiet des Yellowstoneflusses. Auf ihrem langen Weg in die südliche Prärie übernahmen sie die Religion der Präriestämme und lernten, Pferde zu halten.

IMMER UND ÜBERALL WAR MEINEM VOLK BEWUSST, daß es ohne Sonne weder Gesundheit noch Leben gab. Im Frühling, im Sommer und im Winter freuten wir uns an ihren Strahlen. Ihre Wärme ließ im Frühling neues Gras aus der Erde sprießen; im Sommer machte ihre Glut die abgezogenen Tierhäute haltbar, dörrte das Fleisch und konservierte die Nahrung, so daß wir sie lagern konnten. Im Winter badeten die Lakota ihre Körper im Schein der Sonne, zogen sich aus wie zu einem Bad im Fluß. Ohne ihre lebenspendenden Strahlen gäbe es nur Tod; wenn sich ein Lakota am Morgen erhob und die Sonne begrüßte, sah er in ihr ein lebendes Wesen – den Abgesandten von Wakan Tanka.

Luther Standing Bear

In der Religion der Prärie-Indianer ist die Sonne ein Symbol für den Schöpfer. Die eingewanderten Europäer mißverstanden die Verehrung der Sonne jedoch als Götzendienst. In seinem Buch „Land of the Spotted Eagle" wollte Luther Standing Bear den weißen Lesern klarmachen, daß Indianer keine Heiden waren, daß sie an ein höchstes Wesen glaubten, dem sie Dank sagten, wenn sie das Werk seiner Schöpfung priesen.

WIR LAKOTA SCHLUGEN UNSER LAGER immer in der Nähe eines Flusses auf. Jeden Morgen, ob im Sommer oder Winter, nahmen Jungen und Männer darin ein Bad. Auch die Frauen und Mädchen schwammen im Wasser, meist am Nachmittag, wenn ihre Arbeit getan war. Obwohl wir also immer bei Flüssen lebten, hatten wir eine ganz besondere Beziehung zu Quellen und ihrem klaren, reinen Wasser. Wir glaubten, daß eine lebendige Kraft das Wasser aus der Erde strömen ließ, ein Geist, den wir *Wiwila* nannten. Wann immer jemand von einer Quelle trank, sagte er: „Wiwila, sei mir wohlgesinnt, wenn ich jetzt trinke." Wir Jungen lagen oft auf dem Boden neben einer Quelle, sahen zu, wie das Wasser aus der Erde sprudelte, und waren sicher, daß irgendeine Kraft es hervorbringen mußte; wir sahen darin das Werk des Großen Geheimnisses. So war es stets mit einem Gefühl der Demut und dem Wissen um menschliche Begrenztheit verbunden, wenn wir flüsterten: „Wiwila, sei mir wohlgesinnt, ich trinke jetzt von dir."

Luther Standing Bear

In ihrer eigenen Sprache nennen sich die Sioux (sprich: Ssu) Dakota oder Lakota („Freunde", „Verbündete"); der Name Lakota war bei den westlichen Stämmen gebräuchlich. Das aus sieben Stämmen („sieben Lagerfeuer") bestehende Volk war demokratisch aufgebaut, Stammesführer wurden nach ihren Fähigkeiten gewählt. Die Sioux lebten als nomadische Büffeljäger in einzelnen Sippen und Verbänden über die Prärie verstreut und kamen nur während des Sommers zu ihren großen Festen zusammen. Großes Geheimnis: Bezeichnung für den Schöpfer der Welt. „Großer Geist" ist die übliche, nicht ganz zutreffende Übersetzung der weißen Einwanderer.

WENN DIE MÄNNER DER HOPI zur Maisernte auf ihre Felder gehen, pflücken sie zuerst einen kleinen Kolben – diese kleinen Kolben sind ein Symbol für die Kinder. Sie tragen den Baby-Mais behutsam heim, wo die Mutter des Hauses schon wartet. Jede Mutter segnet ihren kleinen Kolben und legt ihn sanft in den Maiskorb. Erst dann dürfen die Männer den übrigen Mais ernten. Die geernteten Kolben wurden der Obhut der Frauen übergeben; immer schon wurde der Mais als lebendiges Wesen geachtet. Die Frauen redeten mit ihm wie mit einem Menschenkind, sie sprachen: „Schaut diesen wunderschönen Mais an, seht, wie farbenprächtig er ist! Und wie viele Körner er hat!"
Die Hopi betrachteten den Mais als einen nahen Verwandten, genauso wie wir im Nordwesten den Lachs; wir fühlten uns als Lachs-Volk. Die Prärie-Indianer hatten eine ebenso enge Lebensgemeinschaft mit dem Büffel.

Janet McCloud

Das Gebiet der Hopi befindet sich inmitten der Navajo-Reservation in der Halbwüste von Nordarizona. Die Hopi bauten ihre Pueblo-Dörfer hoch oben auf Felsen der Tafelberge, um vor den kriegerischen Stämmen sicher zu sein. Maisanbau und Schafzucht prägen ihr Leben.
Janet McCloud (Yet-Si-Blue) ist eine Stammesälteste der Tulalip, die im Nordwesten der USA beheimatet sind. Sie setzte sich für die Fischereirechte der indianischen Bevölkerung ein und gründete 1979 den „Northwest Indian Women's Circle", um das geistige Leben und Selbstvertrauen indianischer Frauen zu verbessern.

DER SOMMER GING ZU ENDE. Wir sammelten Birkenrinde, aus der Mutter Schüsseln und Behälter für den Wintervorrat anfertigte. Das Ablösen der Rinde vom Stamm erforderte Übung und Geschick, denn wir wollten den Baum nicht verletzen. Wenn wir zu tief schnitten, blieb eine Narbe zurück; dann wuchs die neue Rinde nicht mehr glatt nach.

Mutter zeigte uns genau, wie man es machte. Wir ritzten die Rinde mit einem scharfen Messer und achteten darauf, nur bis zur Innenschicht zu schneiden. Es schien uns, als habe der Große Geist die Innenschicht wachsen lassen, damit wir wußten, wie tief wir schneiden durften. Wir Tschippewa hatten gelernt, niemals etwas zu zerstören, was uns die Natur geschenkt hatte. Wenn wir beim Ablösen der Rinde vorsichtig waren, würde uns derselbe Baum im nächsten Jahr wieder Rinde geben.

John Rogers

John Rogers war der Name, den Way Quah Gishig („Morgendämmerung") von den Weißen erhielt. Er wurde 1890 auf einer Reservation der Tschippewa in Minnesota geboren. Um die Lebensweise seines Volkes für spätere Generationen festzuhalten, schrieb er die Geschichte seiner Kindheit auf.

EINE DER AUSWIRKUNGEN DER TECHNOLOGISCHEN REVOLUTION besteht darin, daß wir der Erde entfremdet worden sind. Wir haben die Orientierung verloren, glaube ich; wir unterliegen einer Art psychischer Verwirrung, was Zeit und Raum betrifft. Mögen wir uns auch problemlos zurechtfinden, wenn es um den Weg zum Supermarkt geht oder darum, die Zeit bis zur nächsten Kaffeepause abzuschätzen, so zweifle ich doch daran, ob jemand von uns seinen Standort bestimmen kann, was die Sterne angeht oder die Zeiten der Sonnenwende. Unser Sinn für die Ordnung der Natur ist stumpf und unverläßlich geworden. Wie die unberührte Natur selbst ist auch der instinktive Bereich in uns im gleichen Ausmaß zusammengeschrumpft, denn wir haben verlernt, eine wahre Vorstellung von ihr zu entwickeln.

N. Scott Momaday

N. Scott Momaday lehrt als Professor für Englisch und vergleichende Literaturwissenschaft an der Universität von Arizona in Tucson. Für seinen Roman „House Made of Dawn" erhielt er 1969 den Pulitzerpreis.

HÜGEL SIND IMMER SCHÖNER als Häuser aus Stein. In einer großen Stadt wird das Leben zu einem künstlichen Dasein. Viele Menschen spüren kaum noch richtige Erde unter den Füßen, sie sehen kaum noch Pflanzen wachsen, außer in Blumentöpfen, und lassen nur selten die Lichter der Straßen hinter sich, um den Zauber eines sternenübersäten Nachthimmels auf sich wirken zu lassen. Wenn Menschen so weit weg von all dem leben, was der Große Geist geschaffen hat, dann vergessen sie leicht seine Gesetze.

Tatanga Mani

Tatanga Mani war 87 Jahre alt, als er auf seiner Welttour bei einer Ansprache in London diese Worte sagte.

DIE ALTEN LAKOTA WAREN WEISE. Sie wußten, daß das Herz eines Menschen, der sich der Natur entfremdet, hart wird; sie wußten, daß mangelnde Ehrfurcht vor allem Lebendigen und allem, was da wächst, bald auch die Ehrfurcht vor dem Menschen absterben läßt. Deshalb war der Einfluß der Natur, die den jungen Menschen feinfühlig machte, ein wichtiger Bestandteil der Erziehung.

Luther Standing Bear

Luther Standing Bear war überzeugt, daß nicht nur die Indianer von den Weißen, sondern auch die Weißen von den Indianern lernen können. Die weißen Amerikaner, die die indianische Kultur ablehnen und ihr verständnislos gegenüberstehen, „berauben sich selbst", meinte er.

ICH SOLLTE DARÜBER SPRECHEN, wie wichtig – und warum – die wilde Erdbeere für uns ist. Sie ist die erste wildwachsende Frucht, die uns der Frühling hier im Osten schenkt. Für das Volk der Irokesen ist sie das Symbol des Lebens, sie spielt eine große Rolle in den traditionellen Zeremonien. In meiner Kindheit pflegte ich hinter meiner Mutter und meinen Schwestern von einem Fleck Erdbeeren zum anderen zu wandern; auf diesen weiten Wiesen sind meine Knie krumm geworden, und der Rücken brach mir fast entzwei, aber mein Mund genoß den süßen Geschmack. Jetzt bringe ich meinen persönlichen Dank dafür dar, mein *adowe,* und hoffe, daß die Wilderdbeere auch weiterhin wachsen und gedeihen wird. Ich habe vieles gelernt in diesem nördlichen Landstrich, unter einem Himmel, in den Vögel, Wolken und Winde ihre Muster zeichneten: Dankbarkeit, Achtung, die Bedeutung des Familienkreises, den Wert ehrlicher Arbeit. Ich lernte, wie vollkommen schön die Natur ist, welche Freuden sie uns schenkt, und daß es notwendig ist, nicht nur das Nützliche und Schöne zu bewahren und zu schützen, sondern alles, was der Schöpfer auf unserer Erde erschaffen hat. Die Zweibeiner, die Menschen, vergessen allzu leicht die Gesamtheit der Schöpfungsgaben, und in ihrem Egoismus scheinen sie es fast zu bedauern, daß auch die anderen Geschöpfe ein Recht zum Überleben haben.

Maurice Kenny

Maurice Kenny, ein Mohawk, veröffentlichte zahlreiche Lyrikbände, schrieb Erzählungen und Dramen und ist Herausgeber und Verleger. Er lebt in Brooklyn, kehrt aber immer wieder in seine Heimat im Norden des Staates New York zurück, wo er 1929 geboren wurde und aufwuchs.

WENN DU DEIN HERZ NICHT HART WERDEN LÄSST, wenn du deinen Mitmenschen kleine Freundlichkeiten erweist, werden sie dir mit Zuneigung antworten. Sie werden dir freundliche Gedanken schenken. Je mehr Menschen du hilfst, desto mehr dieser guten Gedanken werden auf dich gerichtet sein. Daß Menschen dir wohlgesinnt sind, ist mehr wert als Reichtum.

Henry Old Coyote

Henry Old Coyote ist ein Krähenindianer (Crow). Vor dem Kommen der Weißen lebte sein Volk als Jäger, Sammler von Wildfrüchten und Ackerbauern (Maisanbau) östlich der „Great Plains", der riesigen, wasserarmen Grassteppe. Eine Besiedlung dieses Gebietes war erst möglich, als die Pferde (von den Spaniern gebracht) in Nordamerika heimisch geworden waren. Wie viele andere Völker (z. B. Dakota, Cheyennen) zogen die Crow nun in das Grasland und wurden nomadisierende Büffeljäger.

BEHANDLE ALLE MENSCHEN, als wären sie mit dir
verwandt.

Sprichwort der Navajo

Ursprünglich im Norden von Amerika beheimatet, zogen die Navajo vor etwa 900 Jahren nach Südwesten in die Halbwüste des Colorado-Plateaus in Arizona und New Mexico. Von ihren Nachbarvölkern übernahmen sie viele Fertigkeiten: von den Pueblo-Indianern Maisanbau und Webkunst, von den Mexikanern die Verarbeitung von Silber. Ihre aus Schafwolle gewebten Decken sind ebenso berühmt wie ihr einzigartiger Schmuck aus Silber und Türkis, ihrem heiligen Stein. Das traditionelle Haus der Navajo, das auch heute noch oft benützt wird, ist der „Hogan", aus Holz mit sechseckigem Grundriß erbaut, mit Erde bedeckt und mit einem kuppelförmigen Dach. Hogans haben keine Fenster, der Eingang zeigt stets nach Osten, der aufgehenden Sonne zu.
1868 wurden die Navajo nach verzweifeltem Kampf von den amerikanischen Truppen besiegt und aus der Heimat vertrieben. Heute leben sie wieder in ihrem alten Gebiet, in der größten Reservation Nordamerikas, und zählen über 150 000 Menschen.

ICH BIN EIN MEDIZINMANN, ein wicasa wakan. Medizinmann – das ist ein Wort, das die Weißen erfunden haben. Ich wünschte, es gäbe ein besseres Wort, um auszudrücken, was „Medizinmann" für uns bedeutet, aber ich finde keines und du auch nicht, und so müssen wir uns wohl damit zufriedengeben.

Ein wicasa wakan muß viel und oft mit sich allein sein. Er will weg von der Menge, weg von den kleinen alltäglichen Dingen. Er liebt es zu meditieren, sich an einen Baum oder an einen Felsen zu lehnen und zu fühlen, wie sich die Erde unter ihm bewegt und wie über ihm das Gewicht des weiten flammenden Himmels lastet. Auf diese Weise lernt er zu verstehen. Er schließt die Augen und beginnt klarer zu sehen. Was du mit geschlossenen Augen siehst, das zählt. Der wicasa wakan liebt die Stille, er hüllt sich in sie ein wie in eine Decke – eine Stille, die nicht schweigt, die ihn mit ihrer donnergleichen Stimme vieles lehrt. Solch ein Mann liebt es, an einem Ort zu sein, wo er nur das Summen der Insekten hört. Er sitzt, das Gesicht gegen Westen, und bittet um Beistand. Er redet mit den Pflanzen, und sie antworten ihm. Er lauscht den Stimmen der wama kaskan – der Tiere. Er wird einer von ihnen. Von allen Lebewesen fließt etwas in ihn ein, und auch von ihm strömt etwas aus. Ich weiß nicht, was und wie, aber es ist so. Ich habe es erlebt.

Ein Medizinmann muß der Erde angehören, muß die Natur lesen können wie ein weißer Mann ein Buch.

Lame Deer

„Wicasa wakan" *bedeutet Priester, Seher, Arzt, geistiger Führer.*
Die Überlieferung von Lame Deers Lebensgeschichte verdanken wir seinem weißen Freund Richard Erdoes, der seine Gespräche mit Lame Deer niederschrieb.

ICH ERINNERE MICH DARAN, wie ich einmal, im Spätfrühling, auf das große nördliche Grasland hinauskam. Wiesen, blau und gelb von wilden Blumen, bedeckten die Hänge, und unter mir sah ich die stille, sonnenhelle Ebene, die sich ins Endlose verlor. Zunächst nimmt das Auge keine Einzelheiten wahr, nur das Land selbst als undurchdringliches Ganzes. Dann aber treten allmählich kleinste Formen hervor – Tierherden und Flüsse und Baumgruppen –, und jede davon ist vollkommen, was die Entfernung betrifft, die Stille, die Zeit. Ja, dachte ich, jetzt sehe ich die Erde, wie sie wirklich ist; nie mehr werde ich etwas betrachten wie noch gestern oder am Tag zuvor.

N. Scott Momaday

Ein Literaturkritiker hat N. Scott Momadays Werk einmal als die „umfassendste und beste künstlerische Darstellung der indianischen Kultur" bezeichnet, die bisher vorliegt. Die Spannweite von Momadays Lebenserfahrungen ist groß, sie reicht von den Reservationen des Südwestens, wo er seine Kindheit verbrachte, bis in den akademischen Bereich.

DIE LETZTEN JAHRE war ich für den Sonnentanz verantwortlich und leitete die Zeremonien, aber diesmal habe ich die Aufgabe einem jüngeren Medizinmann übertragen, dessen Lehrer ich war. Vielleicht ist das mein Opfer, das ich heute bringe – ich verzichte auf meine Macht, gebe sie weiter, überlasse die Ehre jemand anderem. Bei uns Sioux gibt es keine Kluft zwischen den Generationen, wie man sie bei euch findet. Wir halten es für richtig, unsere jungen Leute so zu leiten, daß sie unseren Platz einnehmen können; das ist der Weg, den die Natur uns zeigt. Vielleicht ist diese Bereitschaft, mit den Jungen unsere Macht zu teilen, der Grund dafür, daß bei uns die Alten geliebt und geachtet werden und daß den Generationen das Gespräch miteinander leichtfällt.

Lame Deer

Der Sonnentanz ist die älteste und feierlichste Zeremonie des Sioux-Volkes; in diesem Tanz wird der Körper des Menschen „zum Gebet" (Lame Deer). Während sie tanzen, nehmen die jungen Männer große Schmerzen auf sich, denn ihr Körper „ist das einzige, was wirklich ihnen gehört, was sie als Opfer geben können".

Lange Zeit waren der Sonnentanz und alle anderen religiösen und sozialen Feiern der Prärie-Indianer verboten; man wollte indianische Kultur und Lebensweise auslöschen.

„Medizinmann" ist eine unvollkommene Übersetzung für den Begriff des „heiligen Mannes", des „Heilers", des Mittlers zwischen dem göttlichen Geheimnis und den Menschen.

ALTE MENSCHEN GENOSSEN WEGEN IHRER LEBENSERFAHRUNG großes Ansehen und wurden nie als nutzlos beiseite geschoben. Kinder waren ihren Eltern eng verbunden, und so kam es, daß alte Menschen bis zu ihrem Tod umsorgt und geachtet wurden. Sie hatten niemals Grund, sich unnütz oder unerwünscht zu fühlen, denn es gab Aufgaben, die nur von den Alten ausgeführt wurden, und die jungen Leute wurden dazu angehalten, den Älteren stets mit Respekt zu begegnen.

Luther Standing Bear

Die Erziehung, die Luther Standing Bear in der staatlichen Internatsschule von Carlisle erhalten hatte, war für sein späteres Leben auf der Rosebud Reservation in Süddakota sinnlos. 1898 wurde er Darsteller in der berühmten Wildwest-Show von Buffalo Bill. Erst 1931, nach bewegten Jahren, kehrte er in die Reservation zurück. Er war erschüttert über das Elend und über den körperlichen, geistigen und seelischen Verfall seines Volkes, dem man alles genommen hatte, auch die eigenen moralischen Werte. In seinen Büchern „Land of the Spotted Eagle" und „My People, the Sioux" beschrieb er die hochstehende, alte Kultur der Sioux.

WAS IST DAS LEBEN? Es ist das Aufblitzen eines Leuchtkäfers in der Nacht. Es ist der Atem eines Büffels an einem kalten Wintertag. Es ist ein kleiner Schatten, der über das Gras läuft und sich im Sonnenuntergang verliert.

Crowfoot

Crowfoot, ein angesehener Krieger und Redner der Blackfeet, wurde 1821 am Bow River in der heutigen Provinz Alberta (Kanada) geboren. Als Sprecher seines Volkes unterzeichnete er im September 1877 einen Vertrag, in dem die Blackfeet einen Großteil ihres Landes an die kanadische Regierung abtraten. Crowfoot vertraute den Zusagen der Regierung, wurde aber enttäuscht. Eine Folge des Vertrages war das Verschwinden der Büffel aus der Prärie, was bei den Blackfeet zu einer schweren Hungersnot führte. Die hier abgedruckten letzten Worte Crowfoots – als er 1890 im Sterben lag – zeigen sowohl seine Ausdruckskraft als Redner als auch eine tiefe Resignation.

WORTE BESITZEN EINE EIGENE KRAFT. Ein Wort kommt aus dem Nichts, wird Klang und Bedeutung; es verleiht allen Dingen ihren Ursprung. Mit Hilfe von Worten kann der Mensch gleichberechtigt mit der Welt in Beziehung treten. Das Wort ist heilig. Der Name eines Menschen ist sein Eigentum; er kann ihn behalten oder weitergeben, ganz wie er will. Bis vor kurzem war es bei den Kiowa üblich, den Namen eines Toten nicht auszusprechen. Dies wäre respektlos und unehrenhaft gewesen. Die Toten nehmen ihre Namen mit, wenn sie die Welt verlassen.

N. Scott Momaday

Namen wurden und werden oft als besondere Ehre an junge Leute weitergegeben. Auch Momaday erhielt seinen indianischen Namen (Tsoai-Talee = „Rock-tree Boy") in einer eigenen Zeremonie.
N. Scott Momaday hat die Aufgabe übernommen, für eine amerikanische Literaturgeschichte das Kapitel über indianische Literatur zu verfassen. Er ist überzeugt, daß diese Literatur schon sehr früh beginnt – mit Felszeichnungen, Bilderschriften und der mündlichen Überlieferung.
Die Kiowa sind ein Präriestamm. Sie waren Jäger und als mutige Kämpfer bekannt. 1867 gingen sie in die Reservation; nach dem Ende des freien Lebens auf der Prärie starben viele von ihnen an Tuberkulose.

DIE DICHTUNG DER INDIANER ist im Grunde immer eine Zeremonie des Dankes gewesen – eine Danksagung in Liedform an den Großen Geist, an Mutter Erde, an die Gräser und all die verschiedenen Geschöpfe. Auf ihrer langen Reise durch die Zeit ist die indianische Dichtung im Wesen religiös geblieben. Wenn ein junger Mann singt oder auf der Flöte spielt, um einer jungen Frau seine Liebe zu zeigen, so dankt er gleichzeitig dem Großen Geist dafür, daß seine Geliebte lebt. Wenn ein Dichter den Flug eines Distelsamens durch die Luft betrachtet, so dankt er gleichzeitig dem Großen Geist dafür, daß die Distel existiert. Wenn er die Jagd besingt, lobt er Hirsch und Elch, die ihr Fleisch geben, damit der Jäger weiterleben kann – und er dankt dem Großen Geist, der den Hirsch geschaffen hat.

Maurice Kenny

Dichtung, Religion und Alltag sind für Indianer untrennbar miteinander verbunden. Wie die Jäger und Krieger, die Frauen und Mütter, die religiösen und politischen Führer dem ganzen Volk verpflichtet waren und besondere Aufgaben hatten, so übten auch die Dichter und Geschichtenerzähler ihre ganz bestimmte Funktion im Leben der Gemeinschaft aus.
Die Lebens- und Sprachrhythmen seines Volkes, der Mohawk, haben das literarische Werk von Maurice Kenny in vielfältiger Weise geprägt. 1984 erhielt er für sein Buch „The Mama Poems" den American Book Award.

DIE POLITISCHE STRUKTUR INDIANISCHER VÖLKER ist demokratisch und geht von der Gleichheit aller aus. Jeder Mensch, ob jung oder alt, Mann oder Frau, hat das gleiche Mitbestimmungsrecht, Entscheidungen werden von allen gemeinsam getroffen. Jeder nimmt gleichberechtigt am Leben der Stammesgemeinschaft teil; so ist ein friedliches Miteinander gewährleistet. Autorität geht von den Ältesten auf die jungen Leute über, und selbst das Weinen der Babys bleibt nicht unbeachtet.

Das Wirtschaftssystem der indianischen Völker beruhte ursprünglich auf einem Leben in der Gemeinschaft. Indianer lehnten persönlichen Grundbesitz ab und brauchten auch kein Geld, da jeder ein Anrecht auf die notwendigen Lebensgüter hatte; der Reichtum der Natur kostete nichts und war für alle da. Niemand mußte sich die Existenzberechtigung erst verdienen, aber es war die Aufgabe aller, für Unterkünfte und Nahrung zu sorgen, für die Gemeinschaft zu jagen, zu fischen, die Felder zu bestellen. Arbeit, Nahrung und Unterkünfte wurden gerecht verteilt. Es gab kein Klassensystem mit einer Kluft zwischen Arm und Reich. Erwarb eine Familie durch ihren Fleiß mehr als sie zum Leben brauchte, dann nur deshalb, um den Überfluß in einer zeremoniellen Verteilung von Geschenken wieder herzugeben. Der Reichtum wurde auf das Konto des Volkes gelegt; und die Zinsen waren Wohlwollen.

Janet McCloud

Das öffentliche Verteilen von Geschenken („give-away") ist eine wichtige Zeremonie im Stammesleben.
Janet McCloud will mit diesem Text das Konzept indianischen Lebens darstellen. Vor allem soll der Kontrast zu den Lebensformen der weißen Einwanderer gezeigt werden, ebenso die unterschiedliche Einstellung zum individuellen Besitz.

MAHNUNG AN DIE HÄUPTLINGE

O Häuptlinge! Tragt keinen Zorn im Herzen und hegt gegen niemanden Groll. Denkt nicht immer nur an euch selber und an eure eigene Generation. Vergeßt nicht, daß nach euch noch viele Generationen kommen werden, denkt an eure Enkelkinder und an jene, die noch nicht geboren sind und deren Gesichter noch im Schoß der Erde verborgen liegen.

Aus der Irokesenverfassung

Die Irokesenverfassung entstand viele hundert Jahre vor dem Kommen der Weißen. Sie vereinte Völker, deren Sprachen verschieden waren, und beeinflußte die amerikanische Verfassung, als sich die 13 Kolonien zu den Vereinigten Staaten zusammenschlossen.

NIE WIEDER WERDE ICH JEMANDEN HASSEN.
Denn der Haß verletzt mich mehr als er den anderen verletzt.

Tatanga Mani

Als alter Mann unternahm Tatanga Mani auf Wunsch der kanadischen Regierung eine Weltreise als Botschafter des Friedens, des guten Willens und der Brüderlichkeit unter den Menschen. Ihm wurde das Flugzeug ebenso vertraut wie der Stangenschlitten seiner Kindheit, und er bewegte sich im Buckingham-Palast genauso selbstverständlich wie im heimatlichen Indianerdorf.

FRIEDE IST NICHT NUR DAS GEGENTEIL VON KRIEG, nicht nur der Zeitraum zwischen zwei Kriegen – Friede ist mehr. Friede ist das Gesetz menschlichen Lebens. Friede ist dann, wenn wir recht handeln und wenn zwischen jedem einzelnen Menschen und jedem Volk Gerechtigkeit herrscht.

Spruch der Mohawk (Irokesen)

Der Staatenbund der Irokesen spiegelt das Zusammenleben des Volkes im kleinen wider: So wie mehrere Familien friedlich in einem Langhaus zusammenwohnten, sollten die „Sechs Nationen" in diesem Bund vereint sein. Deshalb nannten sich die Irokesen „Das Volk des Langen Hauses". Für „Frieden" benützen sie dasselbe Wort wie für „Gesetz", dieselbe Wortwurzel taucht auch in den Begriffen „edel, vornehm" und „gut" auf. Ihr Symbol für den Frieden ist ein Baum, dessen Wurzeln sich in der Erde verzweigen.

GROSSER GEIST, BEWAHRE MICH DAVOR,
über einen Menschen zu urteilen, ehe ich nicht eine Meile
in seinen Mokassins gegangen bin.

Unbekannter Apachenkrieger

Der Name „Apache" stammt aus der Sprache der Pueblo-Indianer („Apachu" = Feinde). Das Land der Apachen lag im Südwesten Nordamerikas, in New Mexico und Arizona; sie waren Nomaden, Jäger und Sammler von Wildfrüchten. Vierzig Jahre kämpften sie ausdauernd und mutig um ihre Heimat und Unabhängigkeit, bis sie sich der Übermacht der amerikanischen Armee geschlagen geben mußten. Einer ihrer berühmtesten Häuptlinge war Cochise; mit nur zweihundert Kriegern hielt er die weißen Soldaten zehn Jahre lang in Schach.

IN DIESEM ZEITALTER DER KONFORMITÄT, da kulturelle Unterschiede meist als Zeichen mangelnder Anpassung oder gar als „wunderlich" gelten, ist es wahrscheinlich ein Akt extremer Unangepaßtheit, wenn man überzeugt ist, daß solche Unterschiede notwendig, wertvoll, ja sogar unentbehrlich sind. Ich meine damit nicht nur die äußerliche Verschiedenheit, sondern jene, die tiefer liegt und einen inneren Wert besitzt; jenes Anderssein, das einem jeden von uns seine individuelle Prägung gibt. Der Stolz, kulturelle Unterschiede mit unserer Umgebung zu teilen, der Stolz, die Eigenheiten anderer nicht nur zu akzeptieren, sondern möglichst umfassend zu verstehen – das ist ein Leitthema in der Symphonie kultureller Bereicherung.

Louis W. Ballard

Louis W. Ballard, Komponist und Schöpfer des „American Indian Ballet", schließt seinen 1969 geschriebenen Aufsatz mit einer Warnung: Wenn die verschiedenen Kulturen einander nicht mit Respekt begegnen, wenn es zu keinem Austausch kommt, von dem alle Beteiligten profitieren, besteht die Gefahr, daß „die Musik der kulturellen Bereicherung zu einer andauernden Kakophonie kultureller Konflikte wird. In diesem Fall träfe der Verlust die ganze Gesellschaft."

DIE ERDE IST EINE TROMMEL

Gedichte der Gegenwart

Carol Snow, Animal Spirit Shield – Mountain Lion

WIR SIND EIN VOLK

die tage verstreichen friedlich
über diesen uralten hügeln

ich wandre in der nähe eines mokassinpfads
verborgen unter rostigen dosen und unkraut
ich stehe im wald bei sonnenuntergang
und warte auf das lied
des wiedererwachten windes

so wird es immer sein in diesem land
es gibt keine trennung zwischen dem namen
meines volkes
und dem ruf der eule
oder dem dachs der heimlich vorübertrottet

wir sind ein volk
von klein auf vertraut mit symbolen
sie steigen auf aus dem staub
um uns zu berühren
sie streichen durch die zedernbäume
wo unsere vorfahren schlafen

und erzählen uns von ihren träumen

Lance Henson

DER GROSSE WOLF

ich bin so nahe zu dem großen wolf hingekrochen
– gegen den wind –
daß ich ihn töten könnte mit einem pfeil
daß ich ihn häuten könnte am selben tag

er liegt auf einem felsen in der sonne
er hebt seinen mächtigen kopf
er wendet seine großen augen mir zu
wir liegen da und blicken einander an

die sonne wandert der wind dreht vögel fliegen vorbei
wir liegen und warten und schauen
dann steht er auf und ich steh auf wir strecken uns
wenden uns um jeder geht seinen eigenen weg

Norman H. Russell

Norman H. Russell, 1921 geboren, hat als Biologe an verschiedenen Colleges und Universitäten gelehrt. Seine indianischen Vorfahren waren Cherokee. In seinen Gedichten unternimmt er den Versuch, das Leben der Ureinwohner Nordamerikas und ihrer Umwelt vor dem Kommen der Weißen bildhaft wiederzuerwecken.

ALS WIR DEN SCHLANGENBERG BESTIEGEN

feste Griffe
    für meine Hände suchend
fasse ich in warmen Fels
    und fühle beim Klettern den Berg.

irgendwo   irgendwo hier
    schläft die gelbgefleckte Schlange
               auf einem Stein
                      in der Sonne.

bitte,
    sage ich zu den andern,
        paßt auf,
tretet nicht auf die gelbgefleckte Schlange,
        sie lebt hier.
            Der Berg gehört ihr.

Leslie Silko

Leslie Silko, geboren 1948, wuchs auf der Laguna Pueblo Reservation in New Mexico auf. Sie ist eine brillante Lyrikerin und Prosaautorin und wurde mehrfach ausgezeichnet. Der Kern ihrer Texte ist die Suche nach der eigenen Identität – in ihren Adern fließt indianisches, „weißes" und mexikanisches Blut.

DER DONNER IST DER FREUND DER CHEROKEE.

Wenn der Wind sich erhebt
und Regenschauer niederprasseln
und die rollende Stimme des Donners ertönt,
dann hab keine Angst. Antworte ihm und sag:
„Geh an diesem Haus vorüber, mein Freund",
und er wird vorbeigehen.

Robert J. Conley

Indianer lernten von der Natur, sie wußten, daß Sturm, Regen und Gewitter – das sogenannte „schlechte Wetter" – für das Leben auf der Erde eine ebenso wichtige Rolle spielt wie das „Schönwetter". So ist auch der Donner ein Freund des Menschen, er kündigt das Gewitter an, das den lebenspendenden Regen bringt.
Robert J. Conley ist ein Cherokee aus Oklahoma. 1822 entwickelte Sequoyah, ein Cherokee, das erste indianische Alphabet; 1828 erschien der „Cherokee Phoenix", die erste indianische Zeitung. Conley verwendet das Cherokee-Alphabet in seinem zweisprachigen Gedichtband „The Rattlesnake Band and Other Poems", dem der abgedruckte Text entnommen ist.

SCHLAFENDE SCHILDKRÖTE
in diesem eisbedeckten Teich
entschuldige bitte ...
ich muß ein Loch schlagen
damit mein Pferd trinken kann.

DIE WALFÄNGER
ruderten in den Nebel hinein ...
Und durch den Nebel hindurch ...
O wie blau, wie gleißend
war das weite Meer!

Frank Chilcote

Frank Chilcote ist ein Medizinmann der Krähenindianer. Seine beiden Gedichte stehen unverkennbar in der Tradition der alten persönlichen Lieder; sie wurden 1982 in der indianischen Zeitung „Akwesasne Notes" veröffentlicht.

GRAUER FELSEN

Mein Sohn und ich
sitzen auf einem grauen Felsen
kleine Armeen von Rentiermoos
marschieren zwischen uns

In diesem entlegenen Feld
hat sich der Schnee zurückgezogen
bis zu den Steinmäuerchen,
von Händen aufgeschichtet
die längst zur Erde zurückgekehrt sind

Das Gras des vergangenen Sommers
ist warm
unter unseren Füßen

Ich kann den Mond
beinahe anfassen, sagt mein Sohn
Schau, mein Stock
berührt den Himmel

Auf dem Rückweg
gehen wir wieder durch Wälder
Mitten auf dem Pfad
im verstrickten Kieferngezweig
sind die frischen Spuren
eines großen Hirsches

„Großvater", sage ich,
Wir knien nieder und legen
unsre Finger auf den Boden
über den du gegangen bist.

Joseph Bruchac

Joseph Bruchac lebt mit seiner Familie in Greenfield Center, nahe den Adirondack Mountains. Er ist Lyriker, Erzähler, Übersetzer, Essayist und Sammler von „folk-tales" der Abenaki und Irokesen. Für seine Arbeiten wurde er mehrfach ausgezeichnet.
Im traditionellen indianischen Leben spielen Großeltern eine wichtige Rolle bei der Erziehung der Kinder. Viele Gedichte, die Joseph Bruchac geschrieben hat, zeigen deutlich die enge Beziehung zu seinem indianischen Großvater, der ihn aufzog. Ihm verdankt er das „indianische Erbe" – Liebe zur Natur, Ehrfurcht vor der Schöpfung, Geduld und genaue Beobachtungsgabe, Wissen um die ökologischen Zusammenhänge – ein Erbe, das Joseph Bruchac nun an seinen eigenen Sohn weitergibt.

MEIN GROSSVATER WAR EIN QUANTENPHYSIKER

Ich sehe ihn vor mir
wie er lächelnd
an einem sonnigen Nachmittag
mit anderen Männern
vor dem Rundhaus steht,
geschmückt für den Tanz.

Wissenschaftler haben herausgefunden,
daß die wesentlichen Dinge
unseres Lebens
Einflüssen unterliegen
von jenseits der Sterne
und jenseits der Zeit.

Mein Großvater wußte das längst.

Duane Big Eagle

Duane Big Eagle (Osage/Sioux) wurde 1946 in Oklahoma geboren und besuchte die Universität von Kalifornien in Berkeley. Seine Gedichte erschienen in Zeitschriften und Anthologien.
Rundhaus = Versammlungshaus.

VISIONSLIED (CHEYENNE)

der duft von salbei
       und geflochtenem süßgras

ein mann
der abschied nimmt

von sich selbst

Lance Henson

Die Cheyennen waren ein nomadisches Reitervolk von Büffeljägern; ihr Gebiet befand sich im südöstlichen Wyoming und in Ost-Colorado. Heute leben sie in zwei Reservationen in Montana und Oklahoma.
Vision: Indianer suchen die Einsamkeit, um zu fasten und zu meditieren. Sie glauben daran, daß der Mensch durch Fasten in einen entrückten Zustand gelangt, in dem er mit geistigen Wesen in Verbindung treten kann. Junge Männer, gelegentlich auch Mädchen, begaben sich auf „Visionssuche", um einen persönlichen Schutzgeist zu finden.
Bei manchen zeremoniellen Feiern werden Flechten aus Süßgras verbrannt; auch der Salbei gehört zu den heiligen Pflanzen.

SCHWITZHÜTTE

Im geschlossenen Dunkel
der Hütte höre ich
die Steine singen
und nochmals singen, als wir
Wasser auf sie gießen,
ich spüre, wie die Seelen
von Stein und Wasser uns reinigen,
läutern.
                    Ich bete in
Dankbarkeit.
Das ist der einzige Friede,
den es gibt.

Gogisgi

Die Schwitzhütte hat für einen traditionellen Indianer rituelle Bedeutung. Während einer Reinigungszeremonie wird Wasser auf glühendheiße Steine gegossen, man meditiert im Dunkel der Hütte und spricht Gebete. Nach indianischer Überzeugung reinigt der Mensch auf diese Weise nicht nur den Körper, sondern auch den Geist.

DIE HEITERKEIT DER STEINE

Ich halte diesen Türkis
in meinen Händen.
Meine Hände halten den Himmel
in diesem kleinen Stein.
An seinem Rand
sitzt eine Wolke.
Die Welt ist irgendwo darunter.

Ich drehe den Stein, und der Himmel wird größer.
Das ist die heitere Ruhe, die Steinen zu eigen sein
    kann,
hier fühle ich, wohin ich gehöre.
Ich bin glücklich mit diesem Himmel
in meinen Händen, in meinen Augen, in mir.

Simon J. Ortiz

Der Türkis, der grünblaue heilige Stein der Navajo, wird von diesem Volk für seinen berühmten Silberschmuck verwendet.
Simon J. Ortiz studierte an den Universitäten von New Mexico und Iowa. Er ist einer der bekanntesten indianischen Lyriker der Gegenwart und hat zahlreiche Bücher veröffentlicht. In seiner Lyrik (wie in der modernen indianischen Lyrik überhaupt) findet sich ein grundlegender Optimismus, eine große Liebe zum Leben – trotz aller Grausamkeiten und Unmenschlichkeiten, die den Indianern in Vergangenheit und Gegenwart zugefügt worden sind.

DER SPLITTER EINES MENSCHENKNOCHENS

der splitter eines menschenknochens

irgendwie gehört es sich beinahe
auf den bahngeleisen zu sterben.

ich kann gut verstehen
wie sie sich fühlten auf ihrem langen
heimweg, torkelnd

und die sterne angrinsten.

es muß einen zusammenhang geben zwischen
eisenbahnzügen, alkohol und indianern
die nichts mehr zu verlieren haben.

Ray A. Young Bear

Die Mesquaki, auch Sauk und Fox genannt, sind das Volk des Dichters und Künstlers Ray A. Young Bear (geb. 1950 in Tama, Iowa, wo er auch heute lebt). Young Bear schreibt seit 1966 und hat mit seinen Arbeiten, die in Anthologien, Zeitschriften sowie eigenen Büchern erschienen, viel Erfolg gehabt. Die Wurzel von Young Bears Lyrik liegt in seiner Muttersprache, aus der er seine Gedanken ins Englische überträgt.

DIE KÄLTE

was vom sommer zurückbleibt

ist verborgen im gedächtnis
der krähen

wenn wir schlafen
umfängt uns ihr schatten
wir überschreiten die grenzen
des eigenen ichs

wir sitzen auf dem kalten berg
inmitten einsamer wölfe

Lance Henson

Lance Henson, 1944 geboren, ist ein Cheyenne und lebt in Oklahoma. Sein indianischer Name („Mahago") bedeutet „Dachs". Er ist Mitglied der „Dog Soldiers", eines traditionellen Kriegerbundes der Cheyennen, und der „Native American Church", die christliche und indianische Elemente miteinander verbindet.

DER SCHNEE

Es ist der Monat,
wo der Schnee auf den Feldern schmilzt.
Meine Leute kommen
vom Pelzhandel zurück,
ihre Kanus bis an den Rand
gefüllt mit Rum.
Er macht sie schutzloser
als jener Winter,
in dem Sullivan, der Zerstörer der Städte,
durch unsere Herzen marschierte
und sogar die Siedlungen jener niederbrannte,
die auf der Seite der Amerikaner kämpften.

Ich beobachte meine Leute
mit trübem, verschleiertem Blick.
In dieser Jahreszeit sind mehr
am Fieber des Alkohols gestorben
als damals auf dem Schlachtfeld von Oriskany,
wo uns die Briten an die vorderste Front stellten.

Ich schließe meine Augen
und träume von denen, die starben,
von einem Krieg, verloren durch Verträge,
von jenen aufgesetzt, die wir Brüder nannten.
Papiere nahmen uns das Land weg.
Flaschen nahmen uns die Seelen.

Ich träume von denen,
die daliegen im Schnee
mit offenen Augen, deren Glieder
zu kaltem Feuer werden.

Joseph Bruchac

In seinem Gedicht erinnert Joseph Bruchac an das Schicksal der Völker des Irokesenbundes. Obwohl sie im amerikanischen Unabhängigkeitskrieg neutral zu bleiben versuchten, wurden sie zum Teil auf britischer Seite in den Kampf gezogen. 1777 überredeten die Engländer die Cayuga, die sich bis dahin aus dem Streit herausgehalten hatten, gemeinsam mit den englischen Truppen Fort Stanwix anzugreifen. Als die Amerikaner Entsatztruppen sandten, kam es bei Oriskany zum Kampf. 1779 unternahm General John Sullivan eine Strafexpedition gegen die pro-britischen Irokesen und zerstörte ihre Siedlungen. Um die Irokesen zu unterwerfen, wurden aber auch Dörfer der Oneida, die auf Seiten der Amerikaner gekämpft hatten, niedergebrannt. Nach und nach verloren die Irokesenvölker ihr gesamtes Gebiet bis auf kleine Reservationen. Verträge wurden von den Weißen immer wieder mißachtet; der Handel mit Alkohol wurde bewußt dazu benützt, die Indianer zu demoralisieren und ihre Widerstandskraft zu brechen.

ICH SCHAUTE DIE TROMMEL AN.
Ich spürte, wie sie sprach.
Sie sprach zu mir,
bat mich um meine Stimme.
Ich stimmte mit ein.
Viele Stimmen verbanden sich,
wie Vögel zu einem Schwarm.

Rita Meyers

Immer schon hat man in den USA und auch in Kanada versucht, das „Indianerproblem" durch Umerziehung in Schulen und Internaten zu lösen und die Indianer auf diese Weise in die herrschende Gesellschaft zu integrieren. Bis in die dreißiger Jahre unseres Jahrhunderts war es indianischen Schülern verboten, in ihrer Muttersprache zu reden. Auch heute gibt es noch ähnliche Tendenzen. In immer mehr Reservationen entstehen daher von Indianern gegründete und von ihnen geführte Schulen, in denen auf die alten Traditionen und die Erhaltung ihrer Identität großer Wert gelegt wird. In diesen Schulen lernen die Kinder auch, ihre Gefühle und Gedanken in Gedichten und Liedern auszudrücken, wie Rita Meyers es in ihrem Gedicht tut.

EIN HIRSCH

Ein Hirsch hat ein weiches Fell,
so weich wie eine Vogelfeder.

Ein Hirsch kann so schnell laufen
wie der Wind bläst.

Ein Hirsch ist leise wie die Feldmaus,
die einen Käfer fangen will.

Ein Hirsch hat ein Geweih
wie die Wurzeln der Bäume im Wald.

Ein Hirsch ist schön wie ein Falke,
der hoch am Himmel segelt.

Ein Hirsch ist so aufmerksam wie der Wolf,
der durch die Wälder streift.

Willie Tehorwirate Thompson

Willie Tehorwirate Thompson (Bitter Branch), ein Schüler der Akwesasne Freedom School der Mohawk, war zwölf Jahre alt, als er dieses Gedicht schrieb.

PFERDE AM VALLEY STORE

Täglich treffe ich die Pferde
   staub- und hitzebeladen kommen sie
       Schritt für Schritt
Ziehen den Tag
    hinter sich her.

Beim Valley Store
       gibt es Wasser.
       Grauer Stahltank
       Schmaler Betontrog.

Augen die das Wasser förmlich riechen.
Aufgereiht   eins nach dem andern
      unter dem Gewicht der Sonne
      in der Hitze die aufsteigt vom Boden
Kommen die Pferde näher.

Menschen mit
  Wasserfässern
  in Lieferwagen   auf Karren
Die Pferde halten inne   und warten
     in einer Ferne
Jenseits der Zeit.

Leslie Silko

EIN DANK FÜR DAS WASSER

Der Tropfen Wasser
hängt zitternd am Hahn
der Pulsschlag des Brunnens
schwingt in ihm nach

Ich trinke niemals Wasser
sagte mir Harold Elm
nicht einmal aus dem Küchenbecken
ohne ein Dankgebet zu sagen

Der Wassertropfen
zittert
er spiegelt die Welt

Joseph Bruchac

Der indianische Name von Joseph Bruchac, „Gah ne goh he yoh", bedeutet „The Good Mind". Er erhielt ihn von einer irokesischen Klanmutter, die meinte, daß sein Talent zum Schreiben ein Geschenk des Schöpfers sei. Der Name sollte ihn immer daran erinnern, daß es zwei Wege gibt – „the good mind and the bad mind". Das englische Wort „mind" kann vielerlei bedeuten: Gesinnung, Herz, Seele, Geist, Vernunft, Lebenseinstellung.

EIN JÄGER

Der Bock stand still.
Lautlos spannte ich
Den modernen Bogen
  mit dem scharf
    gespitzten
      Pfeil.
In meiner Tiefkühltruhe
  liegt Fleisch
    für ein ganzes Jahr –
Soll ich oder soll ich nicht.
  Ich überlegte;
Ich bin ein Jäger,
  kein Trophäensammler.
Und ließ Pfeil und Bogen
  fallen –
      Für immer.

Louis Oliver

Louis (Littlecoon) Oliver, der über 80 Jahre alt ist, bezeichnet sich selbst als „alten Indianer aus dem Stamm der Muskogee-Creek" und als „einen Wanderer – einen Nomaden im Dschungel des weißen Mannes". Er wuchs im Indianerterritorium von Oklahoma auf, wohin viele Stämme zwangsübersiedelt worden waren, nachdem man ihnen ihr ursprüngliches Land genommen hatte. Louis Oliver ist ein Jäger und Fischer mit einer großen Liebe zur Natur. Wenn er an seinen Gedichten arbeite, sagt er, bemerke er aber eine innere Zerrissenheit – eine Folge des amerikanischen Erziehungssystems, das darauf angelegt ist, indianische Religion, Kultur und Tradition auszulöschen.

Aus SELBSTPORTRÄT

Weil das Fleisch das ich kaufe
in einer Plastikhaut steckt
bleibt mir das Geheimnis
des Lebens verborgen

Ich habe niemals Blut getrunken
und ich jage nur
mit dem Programmschalter
an meinem Fernsehapparat

*

Wenn ich in den Supermarkt gehe
und Fleisch kaufe
zerteilt und verpackt
wie kann ich den Geist des Tieres
dessen Fleisch ich esse
um Vergebung bitten
und wo soll ich mein Feuer entfachen?

Robert J. Conley

ICH HABE DAS LIED VERLOREN
das lied
das mein war
das wir sangen
als wir im winter
umherzogen
das lied
das eine träge
krähe nachahmte
das lied
mein lied
war
blau
wie die beeren im gebirge
es war
rot
wie der pfeifenstein
es hatte
hirschhufe
wenn wir dahinwanderten
lachende kinder
wenn wir dahinwanderten
sangen wir
das lied
mein lied
ich habe das lied verloren
O Schöpfung
rund um mich
O was tat ich
daß ich ein lied
verlor
ich verbrenne
tabak
O Schöpfung

um des liedes willen
das mein war
das wir sangen

wir singen!

    Karoniaktatie

Karoniaktatie (Alex Jacobs), geboren 1953, ist ein Mohawk. Sein Name bedeutet „Wo Himmel und Erde einander begegnen". Er wuchs in der kleinen Reservation Akwesasne am Ufer des St.-Lorenz-Stromes auf, wo er auch heute noch lebt. Karoniaktatie ist Schriftsteller, Maler und Graphiker sowie Mitarbeiter der „Akwesasne Notes", jener Zeitung, die einen wesentlichen Beitrag zum Entstehen des neuen indianischen Selbstbewußtseins geleistet hat und die für die Rechte aller Indianer, sowohl in Nord- als auch in Südamerika, eintritt.

VOM SPRECHEN

Ich trage ihn hinaus ins Freie
unter die Bäume,
ich stelle ihn auf die Erde.
Wir hören den Grillen zu,
dem Lied der Zikaden, jahrmillionenalt.
Ameisen laufen vorbei.
Ich sage zu ihnen:
„Das ist er, mein Sohn.
Er schaut euch zu, dieser Junge.
Ich spreche für ihn."

Die Grillen, Zikaden,
die Ameisen, die Jahrmillionen
beobachten uns,
hören, was wir sagen.
Mein Sohn murmelt Babyworte,
er redet, helles Lachen
sprudelt aus ihm.
Baumblätter zittern.
Sie hören diesem Jungen zu,
der für mich spricht.

Simon J. Ortiz

Simon J. Ortiz, ein Acoma-Pueblo-Indianer, wurde 1941 in Albuquerque, New Mexico, geboren.

DER ALTE MANN SPRACH

Mancher wird dir
sagen: es ist nicht
von Bedeutung. Das ist
eine Lüge. Alles,
alles und jedes
ist von Bedeutung. Und
nichts, was gut ist,
geschieht schnell.

*

Indianer sind nicht
dazu bestimmt in Städten
zu leben, und sie tun es auch nicht.
Einige mögen dort ansässig sein,
aber kein einziger lebt dort.

Gogisgi

Gogisgi (Carroll Arnett) wurde 1927 in Oklahoma City geboren, seine Vorfahren sind Cherokee und Franzosen. Er lebt mit seiner Frau auf einer Farm in Michigan und unterrichtet Literatur und Kreatives Schreiben an der Central Michigan University. Gogisgi schreibt Lyrik und Prosa. Den „Gebrauchswert" eines Gedichts definiert er folgendermaßen: „Es zeigt, was es heißt, lebendig zu sein."

CAMPING BEI TRUMANSBURG

Ich knie und zünde das Föhrenholz an,
mein Streichholz ist ein Schlüssel, der die Sonne
    aufschließt,
ein goldener Springquell, leichter als Luft

Über den dunklen Himmel fliegt ein einzelner Vogel,
sein Ruf klar wie die Weite zwischen den Hügeln

Tief unten im Tal, quer durch ein Feld
tänzelt das Scheinwerferlicht eines Motorrads,
ein Quecksilbertropfen,
und die Straße ist ein helles Band,
ausgespannt zwischen den Seen,
vom Frühling in Schwingung versetzt

Als ich von der Hügelkuppe wieder herunterkomme,
tastet sich der Strahl meiner Taschenlampe über den
    Pfad
wie der Stock eines Blinden.

Joseph Bruchac

STILLER NACHMITTAG

Die Sommerhitze hat den Boden rissig gemacht

Im Flußbett bewegt sich nur Sand

Die Felder braun und dürr im stillen Nachmittag.

Die Menschen suchen den leeren Himmel ab

Nach einem Zeichen, einer Botschaft – – Regen.

Aber da ist nur der wachsende Schatten

Der blattlosen Eiche.

William Oandasan

William Oandasan, ein Yuki, wurde 1947 in der Round Valley Reservation im nördlichen Kalifornien geboren. Seit 1981 lebt er in Los Angeles. Er ist Lyriker, Journalist, Herausgeber zweier Zeitschriften und Kleinverleger.

DER BAUM SCHLÄFT IM WINTER

der baum schläft im winter er
beugt sich wenn der wind es will er
richtet sich auf und läßt den kopf sinken wie
ein schläfriges kind am nachmittag aber er
kann sich nicht hinlegen

denkt der baum im winter
nach erinnert er sich an
den sommer steht er im
schnee und wartet kann der baum
warten wie ich?

sprechen die bäume von den bergen herab
rufen sie vom gipfel schnee kommt
sagen sie einander im tal daß der bär
schläft hören die bäume
einander zu?

spürt der schlafende baum den vogel der
an der rinde kratzt das eichhörnchen das
seinen müden rücken streift den hirsch der
den bast von den hörnern reibt die sonne die
sagt komm wach auf es ist frühling?

Norman H. Russell

JENSEITS DER STRASSE
schmiegt eis sich an den baum

nur ein flüstern in den
pappelblättern ist zu hören

und über dem freudlosen tal

zieht schnee
wie ein uraltes volk

Lance Henson

Lance Henson hat als offizieller Gesandter seines Volkes, der Southern Cheyenne, in den letzten Jahren mehrere europäische Staaten besucht. Über seine Lyrik sagt er: „Gedichte sind kondensierte Geschichten. Durch das Umsetzen in Bilder behalten wir im Gedächtnis, wer wir sind."

IJAJEES GESCHICHTE

Wenn du auf Reisen bist
und ganz allein,
ist es nicht klug von dir,
dich für unwissend zu halten.
Denn wer allein unterwegs ist,
hat niemanden, dem er vertrauen kann,
nur sich selbst.
Und würdest du jemandem vertrauen,
den du für unwissend hältst?

Sag einfach: „Ich verstehe das nicht."
Alles, was du nicht
verstehst ...
steck es in einen Sack
und trag ihn über der Schulter.
Mit der Zeit
wird der Sack leer werden.

Charlotte DeClue

Charlotte DeClue vom Volk der Osagen wurde 1948 in Oklahoma geboren und wuchs auch dort auf. Sie studierte an den Universitäten von Stillwater und Kansas City. Derzeit lebt sie mit ihrem Mann und ihrem Sohn in Kansas.

AM STRAND

Wie Sand
der einmal Stein war
bevor er zu Staub wird
müssen auch wir
an bestimmten Orten gewesen sein
bevor wir weitergehen
zu anderen

Joseph Bruchac

Warten können, geduldig zuhören, Anteil nehmen an den Lebensrhythmen der Natur – das sind die Voraussetzungen für jene Art von Lyrik, wie Joseph Bruchac sie versteht. Ganz in indianischer Tradition, sieht Bruchac sein Leben und seine Gedichte als Teil eines großen Ganzen, von dem man nichts wegnehmen darf, ohne etwas zurückzugeben; „nur so", sagt er, „bleibt die Balance erhalten".

MEINE AUGEN SIND GESCHLOSSEN
und erwarten den Schlaf
aber hoch über Feldern und Wäldern
    Bergen und Wolken
segle ich auf einer Adlerschwinge

William Oandasan

William Oandasans Text stammt aus seinem Gedichtband „Round Valley Songs" (American Book Award 1985). Round Valley ist der Name der Yuki-Reservation, aus der Oandasan kommt.

GROSSVATER

großvater
mein herz blickt auf dich
roter salbei des sonnenuntergangs
abendstern
der nachtfalke singt
deinen namen

Lance Henson

Das kleine Volk der Southern Cheyenne in Oklahoma – dem Lance Henson angehört – ist wie viele andere indianische Stämme in seiner Existenz bedroht. Hohe Arbeitslosenrate und Kindersterblichkeit, Alkoholismus aus Hoffnungslosigkeit, viele Selbstmorde, besonders bei Jugendlichen – das sind nur einige Hinweise auf die Lage der Tsistsistas, „das auserwählte Volk", wie sie sich selber nennen. Dagegen hilft, so sind die traditionellen Cheyennen überzeugt, nur eine Rückbesinnung auf die eigenen Wurzeln, wie es Lance Henson in vielen seiner Gedichte tut.
Großvater: einer der Namen der Prärie-Indianer für den Schöpfer der Welt.

REGENBOGENHAUS
bei Shiprock

> „und Begochiddy
> machte sich
> ein Regenbogenhaus"
> (aus einem Lied der Navajo)

Alte Leute
die Gesichter wie Landkarten
der Wüste
leise sprechen sie
in ihren Hogans
an der Straße
wir sehen ihre Feuer
beim Vorüberfahren

Wenn ich
das Auto anhielte
ausstiege
hineinschritte
in das Dunkel
fände ich dann
was sie mit dem Land
und miteinander verbindet –
die innere Ruhe?

Der Gott meiner
Kindheit
war kein
lachender Gott
war eingehüllt
in einen Kranz
aus Flammen

Ich möchte hineingehn ins Dunkel

durch dieses Land
hindurchgehn
wie ein Fisch
durchs Wasser gleitet
ein Vogel
durch die Luft
und alles so
hinter mir lassen
wie es war
bevor ich kam

Neben einem erloschenen
Feuer
bewegt ein alter Mann
im Schatten
seine Hände

und bevor wir kamen
gab es keine Sonne
gab es keinen Mond
doch die Berge leuchteten

Joseph Bruchac

Begochiddy: Schöpfer der Haustiere.
Hogan: traditionelles Erdhaus der Navajo.

IM MAI

Ich beobachtete zwei
Rauchschwalben, die über
das Feld strichen
das wir frisch
angepflanzt hatten.
Anders als die zwei
Düsenjäger der *National Guard*
die uns vor einer Stunde
immer wieder donnernd
überflogen hatten
waren die Schwalben
nicht mit je vier
Raketen bestückt
und sie machten mich
auch nicht zornig
denn ich wußte, welche
Nation sie beschützten
und ich sang laut
sie und ihr Volk
zu ehren.

Gogisgi

Die „Nationalgarde" ist eine Art Miliz, die dem Gouverneur des jeweiligen Bundesstaates untersteht; sie kann auch im Dienst der Union eingesetzt werden und bildet dann einen Teil der Gesamtarmee.

NAHE DEN BERGEN
klingt der Felsboden
hohl
unter den Schritten.

Er sagt dir: Denk daran,
die Erde ist eine Trommel.

Wir müssen sorgsam auf unsre Schritte achten,
um im Rhythmus zu bleiben.

Joseph Bruchac

In diesen knappen Zeilen faßt Joseph Bruchac die indianische Einstellung zur Natur zusammen. Angesichts der drohenden Umweltzerstörung unserer Tage ist der „indianische Weg" (mit der Natur, nicht gegen sie) auch für uns von großer Bedeutung.

ZU DEN BILDERN

Die vier Graphiken „Animal Spirit Shield" (Seite 11, 45, 77, 115) wurden uns freundlicherweise von Carol Snow zur Verfügung gestellt. Carol Snow (Seneca/Irokesen) wurde in der Allegany Indian Reservation im Staat New York geboren. Sie studierte Zoologie an der Syracuse University und der University of Wyoming. Ihr künstlerisches Werk ist der traditionellen indianischen Kultur verbunden, ihre besondere Liebe gilt der Tierwelt Nordamerikas.

QUELLENNACHWEIS

Beiträge aus den drei bei Herder Wien erschienenen Anthologien wurden bezeichnet: (B) „Weißt du, daß die Bäume reden", (F) „Freundschaft mit der Erde", (G) „Auch das Gras hat ein Lied".

Die Texte dieses Bandes wurden mit freundlicher Genehmigung der Autoren bzw. Verlage den folgenden Büchern entnommen:
Unsere Urgroßeltern (13)/Grauer Felsen (122)/Der Schnee (130)/Ein Dank für das Wasser (135)/Camping bei Trumansburg (142)/Am Strand (147)/Regenbogenhaus (150)/Nahe den Bergen (153) (F) © Joseph Bruchac, Greenfield Center, N.Y. – Wir danken unserer Mutter (14) Traditionelles Gebet der Irokesen (B) – Großvater (15) © Bill Emery, Sinte Gleska College, Rosebud, South Dakota, aus „Wokiksuye" (G) – Gebet an den jungen Zedernbaum (16) © Franz Boas, aus: „Literature, Music and Dance" (B) – Der Jäger spricht den Hirsch an (17) aus: „Indian Heritage, Indian Pride, Stories That Touched My Life", Jimalee Burton, © 1974 by University of Oklahoma Press, Norman (B) – Diese heilige Pfeife (18) aus: „The Sacred Pipe, Black Elk's Account of the Seven Rites of the Oglala-Sioux", edited by John Epes Brown, © University of Oklahoma Press, Norman (F) – Der Schöpfer gab uns die Flüsse und Seen (19) © Tom Porter, Akwesasne, aus „Northeast Indian Quarterly" – Wenn erquickendes Wasser (20) aus: „The American Indian Reader/Literature" © The Indian Historian Press, Inc., San Francisco (F) – Leuchtkäferlied (22) aus: „American Indian Poetry", The Standard Anthology of Songs and Chants, ed. by G. W. Cronyon, Liveright, New York © Francis Densmore (B) – Traumlied (23) aus: „In the Trail of the Wind", American Indian Poems and Ritual Orations, ed. by John Bierhorst © Farrar, Strauss and Giroux, New York – Liebeslied (24) aus: „Chippewa Music", ed. Francis Densmore, Bureau of American Ethnology, Bull. 53, Washington, 1913 (F) – Lied von der Elster (25) aus: „American Indian Poetry", The Standard Anthology of Songs and Chants, ed. by G. W. Cronyon, Liveright, New York (F) – Das Freudenlied des Tsoai-Talee (26), aus: „Songs from this Earth on Turtle's Back", Contemporary American Indian Poetry, ed. by Joseph Bruchac, Greenfield Review Press, Greenfield Center, N.Y., © N. Scott Momaday (F) – Einführung eines Kindes in die Welt (28) aus: „The Omaha Tribe", Vol. 1, © Alice C. Fletcher/Francis La Flesche, University of Nebraska Press, Lincoln (F) – Wiegenlied (30) aus: „Song of the Sky", © Brian Swann and Four Zoas Press, Dan Carr Publisher, Ashuelot, NH (F) – Lied aus der Mädchenweihe (31), aus: „The Winged Serpent", American Indian Prose and Poetry, ed. by Margot Astrov, Capricorn Books, New York (F) – Nachtgesang der Navajo (32) aus: „The Night Chant", A Navajo Ceremony, by Washington Matthews, reprinted by AMS Press, New York (B) – Zeigt mir, ob es wirklich ist (34) aus: „Essays of an Americanist", by D. G. Brinton, 1890, in „The Winged Serpent", ed. by Margot Astrov, Capricorn Books – Lied eines Kriegers (35) aus: „The Omaha-Tribe", Alice C. Fletcher and Francis La Flesche, University of Nebraska Press, Lincoln – Gebet des Großvaters (36) aus: „The Way We Lived", California

Indian Reminiscences, ed. by Malcolm Margolin, © 1981, mit freundlicher Genehmigung von Heyday Books, Berkeley (F) – Sterbelied (38) aus: „In the Trail of the Wind", American Indian Poems and Ritual Orations, ed. by J. Bierhorst, Farrar, Strauss & Giroux, N. Y. (B) – Todeslied eines Choctaw (39) © Jim Barnes, aus: „Songs from this Earth on Turtle's Back", ed. by Joseph Bruchac, Greenfield Review Press, Greenfield Center, N.Y. (G) – Hey hey! Hey hey! (40) (B)/Die Sechs Großväter (80) (F) aus: „Black Elk Speaks", by John G. Neihardt, © John G. Neihardt Trust, published by Simon & Schuster Pocket Books and the University of Nebraska Press – Sonkwiatison (42)/Wer ein wirklicher Indianer sein will (81) (F)/Ein Hirsch (133), Akwesasne Freedom School, Mohawknation – Lied der Bäume/Meine Musik (43) aus: „American Indian Poetry", The Standard Anthology of Songs and Chants, ed. by G. W. Cronyon, Liveright, New York – Großer Geist bin nicht mehr taub (44), aus: „Akwesasne Notes", Mohawknation (B) – Unser Land ist wertvoller (47) (F)/Wir baten euch Weiße nicht (49)/Hat uns der Erdboden etwas zu sagen (54) Wir haben nur ein einziges Unrecht begangen (59)/Durch seine Gefühllosigkeit der Natur gegenüber (66) aus: „Touch the Earth", A Selfportrait of Indian Existence, © 1971 by T. C. McLuhan (mit freundlicher Genehmigung von E. P. Dutton, Inc., New York) – Meine Vernunft sagt mir (48) aus: „Black Hawk", An Autobiography, University of Illinois Press – Bruder, höre uns zu (50)/Laßt mich ein freier Mann sein (58), aus: „Indian Oratory", Famous Speeches by Noted Indian Chieftains, ed. W. C. Vanderwerth, University of Oklahoma Press, Norman – Weiße Männer mit ihren gefleckten Büffeln (52) aus: „Plenty Coup, Chief of the Crows", ed. F. B. Linderman, University of Nebraska Press & The John Day Company © Norma Linderman Waller, Verne Linderman, Wilda Linderman – Ich weiß nicht mehr, was ich glauben soll (53) aus: „Cry of the Thunderbird", The American Indian's Own Story, ed. by Charles Hamilton, The Macmillan Company, New York – Ich bin des Kämpfens müde (55) aus: „The Nez Percé Indians", Memoirs of the American Anthropological Association, ed. Herbert J. Spinden, Vol. II, Part 3, 1908 (F) – Am Morgen flammte der Kampf wieder auf (56) aus: „Yellow Wolf: His Own Story", ed. by Lucullus V. McWhorter, Caldwell, Idaho, Caxton – Ihr wißt, wie einem zumute ist (57) aus: „Hear Me My Chiefs!", ed. by Lucullus V. McWhorter, Caldwell, Idaho, Caxton – Mein Herz wurde schwer (60) aus: „Pretty Shield, Medicine Woman of the Crows", ed. F. B. Linderman, University of Nebraska Press & The John Day Company © Norma Linderman Waller, Verne Linderman, Wilda Linderman – Es war nicht schwer zu sehen (61)/Wir Lakota liebten die Natur (90)/Immer und überall war meinem Volk bewußt (92)/Wir Lakota schlugen unser Lager (93)/Die alten Lakota waren weise (98) (B)/Alte Menschen genossen wegen ihrer Lebenserfahrung (105) (F) aus: „Land of the Spotted Eagle", University of Nebraska Press, © Shiyowin Miller, Temple City – Wir Kinder waren ebenso gesellig (62) aus: „The Middle Five", Indian Schoolboys of the Omaha-Tribe, University of Nebraska Press, Lincoln, © 1963 by the Regents of the University of Wisconsin – Eine ganze Woche lang (63) (F)/Es war ein kalter Wintermorgen (64) aus: „From the Deep Woods to Civilization" by Ch. A. Eastman-Ohiyesa, Houghton Mifflin Co., Boston, © Virginia Eastman Whitbecker & Eleanor Eastman Mensel – Ich habe ein neues Sprichwort erfunden (65) (G)/Im Denken des Indianers (84) (F)/Ich bin ein Medizinmann (102) (F)/Die letzten Jahre (104) (B) aus: „Lame Deer, Seeker of Visions", The Life of a Sioux Medicine Man, by John Fire Lame Deer and Richard Erdoes, Simon and Schuster, New York © Lame Deer/Richard Erdoes – Wenn das Land krank ist (67)/Wenn wir unsere Rechte aufgeben (69) aus: „The Way", An Anthology of

American Indian Literature, ed. by Shirley Hill Witt and Stan Steiner, Vintage Books, Random House, New York – Die Gesamtzahl der Indianer (68) © Paula Gunn Allen, Northwest Indian Women's Circle, Tacoma (G) – Unser Volk muß sich heute (70) aus: „Akwesasne Notes" („Jake Swamp Speaks"), Spring 1984, Mohawknation – Die Wissenschaft der Weißen (72) aus: „A Gathering of Spirit", Writing and Art by North American Indian Women, ed. by Beth Brant, Sinister Wisdom Books – Wir haben unser Land und unsere Freiheit verloren (73) (B)/Eure Leute glauben (89) (F)/Hügel sind immer schöner (97) (B)/Nie wieder werde ich (111) aus: „Tatanga Mani, Walking Buffalo of the Stonies", © Grant Mac Ewan, Hurtig Publ., Ltd, Edmonton 1969 – Wenn wir unsere Geschichte betrachten (74) © Phillip Deere, aus: „Moccasin Line 1985" (G) – Wir haben viel von der Kultur der Weißen (76) aus: „Akwekon", Sept. 85, 2/2, Mohawknation – Der Eingang eines Tipis (79) (F)/Die Wiegenlieder meines Volkes (86) (F)/Wenn du dein Herz nicht hart werden läßt (100) (B) aus: „Respect for Life – The Traditional Upbringing of American Indian Children", ed. by S. M. Morey/O. Gilliam, 1974, New York. Published by the Myrin Institute, © Myrin Institute – Als ich ein Kind war (82) aus: „The Soul of the Indian", by Ch. A. Eastman-Ohiyesa, Houghton Mifflin Co., Boston, © Virginia Eastman Whitbeck & Eleonor Eastman Mensel (B) – Die Weißen glauben (83) aus: „The Indians' Book", Songs and Legends of the American Indian, rec. and ed. by Natalie Curtis, 1968, © Paul Burlin, Dover Publications, New York – Wenn es stimmt (85) (G)/Der Donner ist der Freund der Cherokee (120) © Robert J. Conley, „The Rattlesnake Band", Indian University Press, Muskogee, Oklahoma – Wir erzählen unseren Kindern Geschichten (87) © Doug George, aus: „Akwesasne Notes", Mohawknation – Liebt eure Kinder (88) © Basil Johnston, aus „Ojibway Heritage", The ceremonies, rituals, songs, dances, prayers and legends of the Ojibway, McClelland and Stewart Ltd., Toronto (G) – Östlich vom Haus meiner Großmutter (91) (B)/Ich erinnere mich daran (103) (G)/Worte besitzen eine eigene Kraft (107) (G) © N. Scott Momaday, aus: „The Way to Rainy Mountain", University of New Mexico Press – Wenn die Männer der Hopi (94) © Janet McCloud, aus: „Moccasin Line", Vol. 3, Nr. 1, 1986 (G) – Der Sommer ging zu Ende (95) aus: „Red World and White", Memoirs of a Chippewa Boyhood, by John Rogers, University of Oklahoma Press – Eine der Auswirkungen (96) © N. Scott Momaday, aus: „The Remembered Earth", ed. G. Hobson, University of New Mexico Press, Albuquerque (G) – Ich sollte darüber sprechen (99) © Maurice Kenny, aus: „Songs from This Earth on Turtle's Back", ed. Joseph Bruchac, The Greenfield Review Press (G) – Was ist das Leben (106) aus: Ethel Brant Monture, „Canadian Portraits, Brant, Crowfoot, Oronhyatekha, Famous Indians", © 1960 by Clarke, Irwin & Company Ltd., Toronto – Die Dichtung der Indianer (108) © Maurice Kenny, aus: „The Remembered Earth", ed. G. Hobson, University of New Mexico Press, Albuquerque (G) – Die politische Struktur (109) © Janet McCloud, aus: „A Warning Message" (G) – Mahnung an die Häuptlinge (110) aus: „White Roots of Peace", P.A.W. Wallace, University of Pennsylvania Press (B) – In diesem Zeitalter (114) © Louis W. Ballard, aus: „The American Indian Reader", The Indian Historian Press, San Francisco (G) – Wir sind ein Volk (117)/Visionslied (125)/Die Kälte (129)/Jenseits der Straße (145)/Großvater (149) © Lance Henson, Calumet, Oklahoma – Der große Wolf (118)/Der Baum schläft im Winter (144) © Norman H. Russell, Edmond, Oklahoma – Als wir den Schlangenberg bestiegen (119) aus: „Come to Power", ed. Dick Lourie, Crossing Press, Trumansburg, New York (F) – Schlafende Schildkröte, Die Walfänger (121) aus: „Akwesasne Notes", Early Spring 82, Vol. 14,

157

No. 1, Mohawknation – Mein Großvater war ein Quantenphysiker (124) © Duane Big Eagle, aus: „Songs from this Earth on Turtle's Back", ed. Joseph Bruchac, Greenfield Review Press – Schwitzhütte (126) © Gogisgi (Carroll Arnett), aus: „North Dakota Quarterly 1985", Robert W. Lewis, ed., University of North Dakota – Die Heiterkeit der Steine (127) © Simon J. Ortiz, aus: „Carriers of the Dream Wheel", Contemporary American Indian Poetry, ed. Duane Niatum, Harper & Row, New York (F) – Der Splitter (128) © Ray A. Young Bear, aus: „Songs from this Earth on Turtle's Back" (G) – Ich schaute die Trommel an (132) aus: „Indianerschulen – survival schools", Claus Biegert, Rowohlt Taschenbuchverlag, Reinbek bei Hamburg 1979 – Pferde am Valley Store (134) © Leslie Silko, aus: „The Remembered Earth", An Anthology of Contemporary Native American Literature, ed. Geary Hobson, University of New Mexico Press, Albuquerque – Ein Jäger (136) © Louis Oliver, aus: „Caught in a Willow Net", The Greenfield Review Press, Greenfield Center, N.Y. – Aus Selbstporträt (137) © Robert J. Conley, aus: „The Remembered Earth", ed. Geary Hobson, University of New Mexico Press, Albuquerque – Ich habe das Lied verloren (138) © Alex Jacobs (Karoniaktatie), aus: „Come to Power", Eleven Contemporary American Indian Poets, ed. by Dick Lourie, The Crossing Press, Trumansburg, N.Y. – Vom Sprechen (140) © Simon J. Ortiz, aus: „A Good Journey", Sun Tracks and The University of Arizona Press, Tucson (G) – Der alte Mann sprach (141)/Im Mai (152) (G) © Gogisgi, aus: „Songs from this Earth on Turtle's Back", ed. Joseph Bruchac, Greenfield Review Press – Stiller Nachmittag (143) © William Oandasan, aus: „The Remembered Earth", ed. Geary Hobson, University of New Mexico Press, Albuquerque – Ijajees Geschichte (146) © Charlotte DeClue, aus: „Songs from this Earth on Turtle's Back", ed. Joseph Bruchac – Meine Augen sind geschlossen (148) © William Oandasan (Yuki), aus: „Round Valley Songs", West End Press.